組織と人事をつくる
人材マネジメントの起点

HR Standard 2020

大野順也 編
株式会社アクティブ アンド カンパニー 著

ダイヤモンド社

はじめに

　日本は、1960年代から始まる高度経済成長期を経て、急速に発展していった。その頃の人事制度は、景気も給与も右肩上がりを前提とした、年功的な人事制度であった。そして、その後の経済の低迷や、バブル経済の崩壊とともに、これまでの成長曲線は崩れ、右肩上がりを前提とした年功的な人事制度も、リストラとともに成果主義に変わり、複雑化していった。

　昨今の東南アジアの国々に目を向けてみると、これまでの日本と同じような現象が起こっている国がいくつかある。たとえばベトナム。ベトナムの過去10年間の経済成長率は平均：約6.5％強である。経済成長率が平均：約6.5％強あるということは、単純に考えると、月例給与が現状にステイだとすると、約6.5％強程度の減給・降給しているのと同じ状態になる。つまり、現状を維持するためには、毎年最低でも平均：約6.5％強以上の昇給が必要であり、これが現在のベトナムでは常識になっている。これは、日本の高度経済成長期の年功的な人事と、類似した状態になっていると言っていいのではないだろうか。

　このように、組織・人事、また人材マネジメントのトレンドは、経済環境の変化とともに、移り変わっていくのである。

　日本において、組織・人事、また人材マネジメントが脚光を浴

びるようになったのは、おそらくバブル経済の崩壊後であろう。

　この頃、リストラとともに成果主義の人事制度を導入したものの、結果として、自社だけでは、うまく制度構築も運用もすることはできず、外部の専門家、いわゆるコンサルタントに、組織・人事の解決策を委ねるようになった。この頃から、組織・人事コンサルタントは急速に市民権を得ていくことになる。

　そしてその後、いわゆる"失われた10年"とも"失われた20年"ともいわれる、バブル経済の崩壊からの約25年は、組織や人事、また人材マネジメントのあり方を試行錯誤した時期と言えるであろう。またその25年の中でも、2000年代に入ってからは、IT産業の隆盛により、産業のサービス化が進み、これまでのモノづくりを中心とした製造業的な発想から、組織・人事のあり方も見直され、"現在の組織・人事、また人材マネジメント"が確立されてきたと言える。

　バブル経済の崩壊から25年。この四半世紀の中で試行錯誤を繰り返し、確立された組織・人事の仕組み、また人材マネジメントのあり方は、『組織・人事の起点』になると私は考えている。"高度経済成長"から"バブル経済の崩壊"、"年功主義"から"成果主義"、"会社主義"から"個人主義"、"製造業"から"サービス業"など。価値観や考え方を両極に振りながら、組織・人事を創ってきた時代であり、まさしく、組織・人事、また人材マネジメントの起点を創った時期と言えるであろう。

　この起点とは何か。それは、マニュアルであり、教科書であり、手引書でもあると言える。しかし、組織や人材は、生き物であり、

市場や市況などといった外的要因と、人材や人材同士の関係性などといった内的要因から、常にカタチを変化させる動態モデルであり、組織や人材の問題課題に対する絶対解は存在しない。よって、マニュアルも、教科書も、手引書も通用するとは限らない。

しかし、この起点を知るとともに、昨今のトレンド、つまり環境変化や新しい考えを、掛け合わせていくことで、その時その時の組織や人材の問題課題には対処していけるのである。したがって、この起点を知るということは非常に重要なのである。

"ティール組織"、"アジャイル型人事制度"、"OKR"など、新しい組織や人事の手法やあり方が生まれているが、これらはそれぞれが単体で存在しているというよりも、むしろ、いずれもバブル経済の崩壊以降の四半世紀の間に培われた、『組織・人事の起点』の上に成り立っていると言える。

「職務に権限があったものがなくなった」「一つの組織ではなく複数の組織に所属することが一般的になった」など。いずれの考え方も、この四半世紀の間に生み出された起点があり、その起点に対する変化であると言える。よって、この起点を知らないまま、"ティール組織"、"アジャイル型人事制度"、"OKR"などの、新しい組織や人事の手法やあり方に傾倒した施策を講じることで、うまくいかない会社も少なくない。

この起点となる「HRスタンダード」を知ることは、これまでのさまざまな組織・人事の施策や、人材マネジメントをうまく運用する上でも、また昨今のトレンドをうまく取り入れる上でも、重要であると考え、本書を執筆するに至った。また本書は、前述

したこれからの東南アジア諸国が直面するであろう、組織・人事また人材マネジメントの問題課題の解決策の一助になるとも考えている。

本書は、人事担当者はもちろん、経営層・管理職層、また人事に携わる社会保険労務士や組織・人事コンサルタントにも、起点となるスタンダードとして読んで欲しい。

厳しい時代、また複雑な時代だからこそ、それぞれの会社が目指すところに基づいた適切な組織・人事、また人材マネジメントを行い、多くの人材と組織の成長と幸福をも実現して欲しい。

本書がその一助になればこれほどの喜びはない。

2019年11月

株式会社アクティブ アンド カンパニー
代表取締役社長 兼 CEO 大野順也

HR Standard 2020 CONTENTS

はじめに ……………………………………………………………………… 002

Chapter1
人材マネジメントの全体像／概念編 (013)

「組織」「人材」「人材マネジメントポリシー」は
企業理念の実現のために ……………………………………………… 014

「企業戦略」「事業戦略」が変われば、
「組織・人事戦略」も変わる ……………………………………………… 016
- ○四つのビジネスライフサイクル

戦略を実現する「組織」をつくる ………………………………………… 020
- ○3種の組織体制
- ○そのほかの組織「事業本部制」「カンパニー制」「ホラクラシー組織」
- ○事業別組織の採用例

組織を動かす「あるべき人材像」を定義する …………………………… 025

「人材マネジメントポリシー」を明確にする ……………………………… 026
- ○人材調達ポリシー
- ○制度ポリシー
- ○権限ポリシー、裁量ポリシー
- ○アサインメントポリシー
- ○育成ポリシー

基幹人事制度を構築する ………………………………………………… 032
- ○なぜ、基幹と呼ばれるのか？
- ○等級制度
- ○評価制度
- ○報酬制度
- ○そのほかの制度とも矛盾なく

採用戦略、人事・労務管理プロセス、
育成施策、各施策を定める ……………………………………………… 038
- ○採用戦略
- ○人事・労務管理プロセス
- ○育成施策

「人事制度」構築の手順と費やすべき期間 ……………………………… 041

人材マネジメントの仕組みを運用する …………………………………… 047
- ○つくっても運用しなければ意味がない
- ○目標設定も「抜け・漏れ」なく

○決して後戻りさせない
ダイナミック、かつ創造的な人事の仕事を ……………………………… 050

Chapter2
企業理念・ビジョン／組織風土・文化 (053)

「企業理念」と普段の仕事とを結びつける ……………………………… 054
「人事制度」構築も上位概念とのつながりを意識しながら ……… 057
　○あるべき人材像とは
　○あるべき人材像：例1
　○あるべき人材像：例2
望ましい組織風土・組織文化をつくる ……………………………… 064
経営に深く関わる組織風土・組織文化をつくる ……………………… 066
まず、自社の風土・文化を知る ……………………………………… 068
人事制度で変える ……………………………………………………… 071
採用で変える …………………………………………………………… 072
上位概念とのリンクを忘れずに ……………………………………… 073
悪い組織風土・文化から、良い組織風土・文化へ …………………… 075
事例　研修で補強を―見違えるように変わった会社 ……………… 078

Chapter3
人材マネジメント全体像／設計編 (083)

1. 現状分析 …………………………………………………………… 084
　○あるべき人材像を念頭に現状分析を
　○本質的な問題点や課題を洗い出す
　○あらゆる社内資料の分析
　○初期仮説ミーティングで会社の実態を把握
現状分析、四つのポイント …………………………………………… 092
　1) 客観的な視点での判断
　2) あるべき人材像の検証
　3) 仮説を立て調査範囲を絞る
　4) プロジェクト範囲外の問題点や課題の整理
　○求められる人事の事務内容の再定義

2. 概要設計 …………………………………………………………… 096
　○効果的かつ機能的な人事制度を

3. 詳細設計 ··· 098

○等級定義の活用

1) 等級での活用
2) 評価での活用
3) 報酬での活用
4) 育成での活用
5) 採用での活用

○等級制度策定のための5ステップ

ステップ1：フレームの設計（社員区分・雇用区分の設定）
ステップ2：フレームの設計（職種及び区分の設定）
ステップ3：フレームの設計（等級数［階層数］の設計）
ステップ4：等級定義の要素の確定（等級定義イメージ）
ステップ5：等級制度の運用設計

○評価制度策定のための4ステップ

ステップ1：評価体系の設計
ステップ2：仕組みの設計
ステップ3：報酬への反映ロジック設計
ステップ4：評価プロセス

○報酬制度策定のための4ステップ

ステップ1：報酬水準・報酬レンジの設定
ステップ2：報酬体系の設計
ステップ3：月例給与の設定／
　　　　　　報酬インセンティブの設定／退職金の設定
ステップ4：報酬制度運用

二つのインセンティブの特徴と活用 ··· 136

○インセンティブ―金銭型（退職金、確定拠出年金）
○インセンティブ―非金銭型

人を活かす管理職の役割の再認識を ·· 142

○人事制度の活用・定着に必要不可欠な研修
○管理職の人事制度への理解が人を活かす

Chapter4
人材育成　(145)

会社の成長のために不可欠な人材の育成 ······································ 146

○なぜ、人材育成の価値や重要性が理解されないのか

求められているのは"体系立った"人材育成 ···································· 148

階層や成長によって求められるスキルは変わる―カッツ理論 150
　〇三つのスキル
　〇必要なスキルは階層や立場によって異なる
　〇人材育成体系で必要なスキルを計画的に身につける

即効性のあるOJT 153

高質な内容を着実に提供できるOFF-JT（集合研修） 155

自分のペースで学べるセルフデベロップメント 157
　〇自分のペースでできるeラーニング

無数にある方法と組み合わせて最適なものを 159
　〇経営層に求められるコンセプチュアルスキル
　〇講師の内製化
　〇研修の定着とPDCA

正確な効果測定でPDCAを着実に回し続ける 162
　〇アンケート調査
　〇学習
　〇行動
　〇結果

新人にこそ組織風土、組織文化の伝承を 164
管理職ならマネジメントの研修は必須 165
中途採用者の戦力化も人材育成で 167
中途採用者を研修やトレーニングで馴染ませる 168
スペシャリスト志向で人材の活性化を 170
全社員が持続できて、成長できる育成体系を 171
　〇研修を実施する上で最も大切な"目的の明確化"

たった3回の研修で意識は大きく変わる 174
　〇経営者が覚悟を決めれば、研修はうまくいく

Chapter5
人事が担う業務とあるべき人材像　177

人事の仕事とは―社員一人ひとりの力を引き出すこと 178
　〇人材マネジメントの入口：採用
　〇採用後の仕事：人材の配置
　〇人材育成

正確さ、厳格さ、緻密さが求められる人事部門の仕事 182

- ○勤務管理・勤怠管理
- ○給与計算
- ○社会保険手続及び福利厚生
- ○各種制度の整備・改善
- ○社内相談窓口

現実は多忙、一人で何役もこなしながら ……………………… 186
- ○あらゆる状況で活躍する人事経験豊富な担当者
- ○属人化からシステム化・アウトソーシング化へ

「良き人事担当者」像と人事の仕事のやりがい ……………… 189
- ○コミュニケーション能力
- ○対人関係能力
- ○洞察力・察知力
- ○正確性・厳格性
- ○理解力・把握力
- ○企画力・クリエイティビティ
- ○自社に対する愛社精神
- ○良き人事担当者とは社員のキャリア形成の伴走者

人事の仕事とは、クリエイティブでやりがいの大きな仕事 …… 195
採用活動の変遷
—新規採用は就職協定と協定破りのいたちごっこ ……………… 197
景況の変化に伴う採用手法の変化
—中途採用の出現とその背景 …………………………………… 201
就職ポータル、SNS、スカウティングサイト
—就職・転職はより容易に、手軽に ……………………………… 203
実は着実なリファラル採用、シニア活用も視野に ……………… 206
- ○シニア層を活用するためのポイント

Chapter6
戦略的給与計算アウトソーシングの活用 (209)

潜在的リスクの多い給与計算 …………………………………… 210
曖昧、複雑、一筋縄ではいかない給与計算 …………………… 212
- ○勤怠
- ○支給
- ○控除
- ○年末調整

間違いは多く、会社独自のルールでいびつにも ………………… 219
有給休暇の残数が不明で給与計算が混乱するケースも ……… 222

一番の問題は、人事の仕事が特定の人にしかできなくなること・ 223
アウトソーシングを契機に、周辺の仕事の見直しも ………… 226
- **○人事制度の見直し**
- **○情報収集のルールの整備**

クラウド型システムとの併用でさらなる改革を ………………… 229
アウトソーシングで会社はここまで変わる ……………………… 231
- **○ドラッグチェーンの事例**
- **○シェアード会社の事例**
- **○自社に合った戦略的なアウトソーシングを**

Chapter7
インターネットによる採用マーケティング ㉟

就職・転職では当たり前のインターネット利用 ……………… 236
求職者の背景、目的によって使い方は大きく異なる ………… 238
- **フェーズ1：検索を始める**

徐々に絞り込んで複数の会社にたどり着く ……………………… 241
- **フェーズ2：広く情報を一覧する**

ポータルサイトからコーポレートサイトへ ……………………… 244
- **フェーズ3：興味を持った会社の情報を収集する**

情報は正確なのか、嘘はないのか、信憑性を確認 …………… 247
- **フェーズ4：マイナス情報を探す**

もう一つの情報伝達手段、インターネット広告 ……………… 249
多様なテーマのメディアの活用も ……………………………… 251
重要な人材要件の定義 …………………………………………… 252
情報活用の計画と発信し続けられる体制づくり ……………… 254
- **○求職者目線を持つ外部との連携で"サイトを常に魅力的に"**

Chapter8
人事情報を活用した人材マネジメント ㉗

システムの導入で、業務の効率化と情報の活用を …………… 258
- **○HRテックツールが人事部門にもたらした恩恵**

豊富な人事情報を駆使して実現できるタレントマネジメント …… 263
　○これまでのシステムとHRテックツールの違い

多面的な情報で初めて明らかになる、離職の真の理由 ………… 270
　○決して一つではない離職する理由
　○真の理由を明らかにする要因解析四つのステップ

大事なのはゴール設定―蓄積すべきデータも変わる ……………… 275
　○あらゆる情報分析で人材要件モデルをつくる
　○うまく採用できないときの対応
　○人事データ分析を進める上での注意点

段階を経て、経営に貢献する創造的な仕事へ …………………… 279
　○第1段階／定型業務を効率化する
　○第2段階／システムをつなげる・データをつなげる
　○第3段階／集めたデータを集計・分析する
　○第4段階／意思決定及び具体的な施策の検討と実施

AI導入で全社員の可能性を最大限まで引き出す ………………… 284
そして、創造的で経営に直結する人事の仕事を ………………… 286

おわりに　………………………………………………… 288

Chapter 1

人材マネジメントの全体像／概念編

「組織」「人材」「人材マネジメントポリシー」は企業理念の実現のために

　企業活動の最も根幹にあるものが「企業理念」であり、その「企業理念」のもとに、人材マネジメントの仕組みの設計・運用・管理の方針として定められたものが「人材マネジメントポリシー」である。

　「企業理念」とは、創業時から大切にしていること、目指している将来像、会社が社会でどのような役割を果たしていくのか、会社の存在意義などを記したものと言って良いだろう。そして、「企業理念」をもとに、経営陣の考える会社の舵取りに対するスタンスや考え方、方針を定めたものが「経営理念」である。

　会社の戦い方が、「企業理念」や「経営理念」に沿って定まり「企業戦略」「事業戦略」として策定され、さらに各事業を実際に動かしていくための「機能別戦略」が定まる。

　このように、「企業戦略」からブレイクダウンし、「事業戦略」「機能別戦略」を定め、それらの戦略を具体化し、施策を立案し、施策の実現を支えるのが、「組織・人事戦略」「財務戦略」「IT戦略」などの「その他戦略」であり、経営資源の配分なども含む領域でもある。

　このように「組織・人事戦略」は、「事業戦略」「機能別戦略」と密接に関係しているものであり（図表1-1）、分けて考えるものではない。「組織・人事戦略」は人的資源の戦略であり、上位の事業上の戦略や方針が変われば、当然変化していくべきものとなる。その意味でも、事業を下支えする戦略の一つである。

図表 1-1　企業活動の全体像

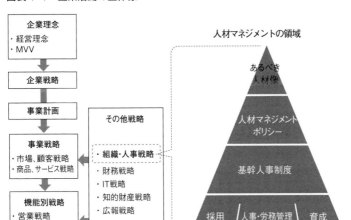

　「組織・人事戦略」においてまず取り組むのが、事業を成長させる、あるいは継続的に運営していくための「組織」の確立。次にその組織に求められる「あるべき人材像」の明確化である。その後、人材マネジメントに関する仕組みの方針である「人材マネジメントポリシー」を確立する。そして、これらをもとに「基幹人事制度」という人事の仕組みをつくり上げていく。

　たとえば、どの会社にとっても、ビジネスの環境変化に対応しながら、既存事業をいかに継続させていくかは、大きな課題のはずである。現在のままの形で続けていくのか――、海外展開などにより、新しい市場を開拓するのか――、あるいは創造性を加味して、より付加価値の高い製品やサービスへと変容させていくのか――、それとも全く違う新しい事業を立ち上げ、成長させていくのか――。

道は無数に分かれ、選ぶ道によって、採るべき「企業戦略」「事業戦略」「機能別戦略」は全く異なるものになる。そして、それに呼応して「組織・人事戦略」も全く異なる姿になる。

　さらに、「あるべき人材像」「人材マネジメントポリシー」「基幹人事制度」「採用戦略」「人事・労務管理プロセス」「育成施策」も、戦略によって全く異なるものになるのである。

　この「企業理念」などの上位概念や戦略が曖昧なままでは、「組織・人事戦略」、また「あるべき人材像」や「人材マネジメントポリシー」を定めることはできない。逆に、各戦略が明確であればあるほど、「組織・人事戦略」、また「あるべき人材像」や「人材マネジメントポリシー」などを明確にすることが可能になる。

「企業戦略」「事業戦略」が変われば、「組織・人事戦略」も変わる

　人材マネジメントの領域は、経済環境の変化や会社と社員の関係性、働くことのあり方などによって、これまで変化してきている歴史がある。

　たとえば、右肩上がりの高度経済成長期においては、年功主義によって、社員として働くことの安心感を醸成し、社員の職務に対する習熟を促進した。バブル経済が崩壊した1980年代末期からは、成果主義によって、老若男女を問わず社員に対して成果を追求させ、競争環境を醸成した。昨今では、個々のライフスタイルや、特化したスキルや能力を活かした働き方が出てきており、階層化された組織ではなくプロジェクトスタイルの組織運営、また処遇においても体系化されたものからノーレーティング（ラン

クづけなどの評価をしない)など、新たな潮流に変化しつつある。

しかし、本来、人材マネジメントは世の中の流れも取り込みながらも、会社としてどのようなビジネスを標榜しているか、あるいは、そのビジネスを実現するリソースマネジメントとは、どうあるべきかといった、各社それぞれの考え方から検討すべき面も大きい。その意味で、自社のビジネスがどのような局面にあるかが非常に重要になる。

特に昨今では、会社のビジネスモデルがいくつかのビジネスモデルからなる(複合化している)場合が多く、一つの業種業界で区分することは難しくなってきている。そのため経済環境の変化といった一様の変化による会社への影響よりも、各社が個別に抱えている状況や状態による対処が求められていると言える。

会社を取り巻くビジネスの環境は常に変化し続けている。同じ製品やサービスを扱っている競合他社と比較しても、自社のビジネスのライフサイクルのステージは他社とは異なる。そして、ライフサイクルの各フェーズによって選ぶべき道は異なっていくと言える(図表1-2)。

○四つのビジネスライフサイクル

《創業期》

ビジネスライフサイクルにおける事業の状態やマネジメントの役割、求める人材を考えてみると、創業したばかりの会社(また事業)にとっては、立ち上げたばかりの小さな事業を大きくすることが最大の課題になるだろう。新しい製品やサービス、あるいは会社そのものの認知度を上げるため、「事業戦略」としてはマーケティングや営業に力を入れることになる。その際に必要になる

図表1-2 ビジネスライフサイクルと求められる人材：例

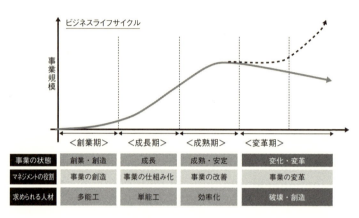

のが、マーケティングに長けている人材や、営業としての戦略立案から営業活動そのもの、また場合によっては、カスタマーサービスにまで幅広く関与する意欲的な人材であると考えられる。

《成長期》

自社の製品やサービスが、市場に受け入れられて成長期に入ると、大きくレバレッジを利かせた事業拡大を図る必要が出てくるだろう。そのため、他社とのアライアンスなども選択肢として出てくる。この状況で必要になるのは、適切な戦略を立てて仕組みづくりが得意なマネジメント人材と、その戦略や仕組みを的確かつ量をこなすプレーヤー人材が必要になってくることが考えられる。つまり成長期になると、これまで同じだった職種や役割も、機能ごとに分割されていくと考えられる。

《成熟期》

　市場に競合他社が増えると急成長の時期は過ぎ、成長曲線のカーブは一定のところに落ち着いていく。成熟期である。ここで必要になるのが、事業を安定運用させるための人材だろう。

　成熟期は、価格競争になりやすいフェーズでもあり、製品やサービスのより低価格な提供を実現するため、製造はもちろん、物流も含めたコストダウンを実現しなければならない。たとえば、サプライチェーン全体に通じた人材が必要になる。また営業活動においても、これまでの市場占有争いから、競合他社（複数の競合他社）を意識した活動に変わる。

《変革期》

　いずれは製品やサービスの拡大は壁に突き当たる。これまで獲得してきたシェアを土台に、さらなる効率化で低価格化を図ることにも限界がくる。現製品やサービスに新たな付加価値を追加するのか——、海外などの新しいマーケットを切り開くのか——、それとも全く新しい分野の製品やサービスの開発を進めるのか——。

　変革期では、文字通り変革をもたらすことができる人材が求められる。自由な発想を持ち、次のビジネスの柱をつくり出せる創造的な人材が必要になる。

　以上は一つの事例だが、これらの成長フェーズによっても「企業戦略」「事業戦略」「機能別戦略」は変わり、それに呼応して「組織・人事戦略」も変わる。つまり、成長フェーズに合わせた「企業戦略」「事業戦略」「機能別戦略」に沿って、「組織・人事戦略」

である、「あるべき人材像」「人材マネジメントポリシー」「基幹人事制度」「採用戦略」「人事・労務管理プロセス」「育成施策」も変化するのである。

そしてその変化のタイミングが的確であればあるほど、会社の推進力は増し、「組織・人事戦略」が「企業戦略」「事業戦略」「機能別戦略」を下支えする。

中期事業計画というと、短くて3年、長くても5年程度のサイクルで事業計画を策定している会社が多い。一方で経営環境の変化が激しい昨今、3～5年のサイクルよりも短いサイクルで中期事業計画を見直す会社も増えてきている。

このように中期事業計画の策定・修正に伴って、事業の戦略・方針が変化するのであれば、それらを下支えする戦略である「組織・人事戦略」も影響を受け、変更する必要がある。抜本的な変更を必要としないケースも想定されるが、いずれにせよ「組織・人事戦略」も同じスピードで修正していかなければならないと言える。

戦略を実現する「組織」をつくる

前段で、戦略を形にするために組織形態を選択すると述べてきたが、組織形態の選択は、組織・人事戦略の一つである。

組織・人事戦略は、企業戦略、事業戦略、機能別戦略を実現するための戦略であり、各戦略を最も効果的・効率的に実現できる組織形態を、組織・人事戦略の中で策定するのである。

会社は、「企業理念」や「経営理念」をもとに、無数の選択肢

の中から自社独自の「企業戦略」「事業戦略」「機能別戦略」を策定していく。そして、それらの戦略を支える「組織・人事戦略」もまた、各戦略を最も効果的・効率的に実現できる形が望まれる。

たとえば、機能別組織にするのか――、あるいは事業別組織にするのか――、あるいはマトリクス組織にするのか――、これらの複合型組織にするのか――（図表1-3）。

「組織・人事戦略」の中で、まず最初に取り組むのが「組織」づくりである。

○3種の組織体制

《機能別組織》

「機能別組織」とは、製造部門、営業部門など、文字通り機能別に分かれた組織のことである。

機能ごとにノウハウを蓄積するなど、専門性を追求することが可能になり、効率的な運営がしやすい反面、自部署の利害を優先した部門主義、セクショナリズムに陥りやすいデメリットがある。また場合によっては、顧客のニーズを軽視し、技術や製造のシーズを先行した運営に陥ってしまうこともある。

《事業別組織》

「事業別組織」とは、"ある地域"や"大口顧客"、また"○○製品・○○サービス"などの区分に対して、事業として成立するひと通りの機能を備えた組織のことである。

異なる機能・役割を有する部門が集まるが、製品・サービスを顧客に対して提供するために必要な一連の機能を有し、顧客対象や製品・サービス対象が明確であるため、関わる社員の意識を集

図表1-3　代表的な組織体制の種別

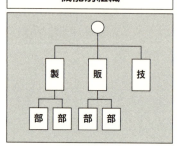

機能別組織

〈メリット〉
- 製造・営業の効率的運営が可能
- 機能ごとのノウハウ、専門性を蓄積しやすい

〈デメリット〉
- 自部署の利害を優先した部門主義、セクショナリズムに陥りやすい
- 自部署の都合を優先するため市場への目が疎かになる
- 製品のコストが見えにくく、利益責任が明確になりにくい

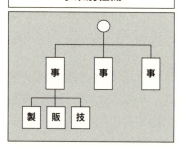

事業別組織

〈メリット〉
- 事業完結での収益意識・責任の明確化
- 事業個別のマーケットに対してスピードアップできる
- セクショナリズムは払拭され、顧客・事業に対する取り組み姿勢が一体化する

〈デメリット〉
- 事業部長に決断の権限責任が集中するため事業部長の負担が大きくなる
- 事業本部内の各機能が非効率
- 複数事業の全社レベルでの資源配分の硬直化

マトリクス組織

〈メリット〉
- 二つのラインで、状況に応じて最適なポジションと役割を担って運営できる
- 組織形態の特色を活かしつつ、効率性も同時に実現

〈デメリット〉
- 二つのラインで指示命令系統を持つため、コンセンサスの形成が困難
- 収益や責任の所在がどちらにあるのかが不明確で、責任の所在が曖昧になりがち

中させやすい。責任の所在も明確にさせやすく、またセクショナリズムも少なくなる。

一方、会社全体では、同じ機能を担う部門がいくつも存在することになるため、非効率を生じさせるなど、全社レベルでの資源配分を難しくする懸念がある。

《マトリクス組織》

「マトリクス組織」とは、機能別・事業別・地域別など、異なる組織形態の利点を掛け合わせて、同時にそれらの利点を達成させようとする組織のことである。

一人の社員が、たとえば地域別や取引先別のチームと、事業別のチームの両方に所属して、役割を果たしていく組織である。状況に応じて、最適な立場と役割を担いながら事業を進めることができる。それぞれの組織形態の特色を活かしつつ、効率性を同時に実現することが可能である。だが、二つのラインの指示命令系統を持つため、コンセンサスの形成が難しくなるなど、成果や責任の所在が曖昧になりがちである。

○そのほかの組織「事業本部制」「カンパニー制」「ホラクラシー組織」

「機能別組織」「事業別組織」「マトリクス組織」のほかにも、事業別組織のデメリットを解消する「事業本部制」や「カンパニー制」など、組織や組織の統制形態は多数存在する。最近では、従来の階層的組織の役職や肩書（上司・部下など）をなくして、与えられた役割や担う機能に沿って組織を形成する「ホラクラシー組織」のような組織形態も見られるようになった。ホラクラシー

組織では、社員は一つの部署に属するのではなく、いくつものプロジェクトに関わりながら仕事を進めていく。一人ひとりの社員がプロフェッショナルとして独立して活動するわけである。

○事業別組織の採用例

　ある部品メーカーは、取引先である大手メーカーのための、事業別組織を採用していた。一つの組織に、部品製造の部門もあれば、品質管理部門も、また営業の部署も存在する。事業別組織にしたことで、取引先のニーズに俊敏かつ個別の対応をすることができていた。一方で製造工程の生産性や技術レベルの向上においては、全社目線から考えるとバラツキが生じ、ムダやムラが発生していた。

　また、音楽配信を事業にする会社は、アーティストごとにチームをつくり、音楽担当者もマネジャーもプロモーション担当者もアーティストの活動に必要な全ての人員が属するようにした。アーティストを中心にした事業別組織の一つの形である。従来は機能別だったが、コンサートなどのイベントの進行や広告活動をするたびに、あちこちの部署がバラバラで対応しなければならず、進行は非常に苦労していた。機能別組織から事業別組織に変えたことで、関わる担当者同士の情報交換が進み、仕事のスピードが格段に早くなった。反面、チームによって仕事の品質が異なってしまう、などの課題も浮かび上がっている。

　機能別組織、事業別組織、マトリクス組織、ホラクラシー組織……それぞれにメリット、デメリットがあり、成り立たせるための条件もある。それらを考え合わせながら、最適な組織形態を選び、編成していくのが、「組織・人事戦略」を具体化する第一段

階であるとともに、中期事業計画策定のタイミングなどでは定期的に見直す必要がある。

組織を動かす「あるべき人材像」を定義する

「組織」の形を定めた後は、組織を機能させるために、具体的に仕事を進める「人材」を採用・配置して育成していく。そのため明確にしなければならないのが「あるべき人材像」である。「企業理念」によって定まった「企業戦略」。「企業戦略」を実現するための「事業戦略」。「事業戦略」を下支えする「組織・人事戦略」。そして「組織・人事戦略」によって策定した組織形態を機能させる上で重要なのが「あるべき人材像」である。

企業理念から各戦略が立案され、「あるべき人材像」が策定される。まず「企業理念」を理解し、共感・賛同できる人物であることが「あるべき人材像」の大前提になる。

「組織・人事戦略」を機能させるために、「あるべき人材像」に求める資質やスタンス、知識や経験・スキルなどを具体的にする。

たとえば、提案力、課題解決力、判断力、企画開発力、情報分析力、交渉力、リーダーシップ、論理性、業界知識など、必要な能力を洗い出し、「あるべき人材像」を具体的に表現し、定義していく。各組織において求められる機能や役割が具体的であればあるほど、「あるべき人材像」に必要な資質やスタンス、知識や経験・スキルは明確になるだろう。

「人材マネジメントポリシー」を明確にする

　「組織」の形が定まり、「あるべき人材像」が明確になった後は、人材の力を、またあるいは組織の力を、最大限に発揮してもらうためのマネジメントの方針――「人材マネジメントポリシー」を明確にする段階になる。

　「人材マネジメントポリシー」とは、会社が人材という経営資源に対して、どのような考え方で接するか（処遇するかなど）を定めたものであり、人材マネジメント関連の仕組みを設計する上での方針にもなる。この「人材マネジメントポリシー」は方針として社員へのメッセージとなるだけでなく、社員からの賛同を得ることで組織へのロイヤルティやコミットメントが高くなる効果もある。また、人材マネジメントポリシーを明確にすることで、人材マネジメント領域における、施策の設計やマネジメントなどで何かの判断に迷いが生じた際には、立ち返るべき原点ともなる。
　たとえば、製品や製品に付随するサービスの高さを追求し、それを戦略上、一つの競争優位性としているメーカーがあるとする。であれば、製造部門をはじめ、物流部門、営業部門、技術部門などにも、それらを実現・遵守させるルールや仕組み、また文化があると推察される。そして、このルールや仕組み、また文化を守ることが、その会社らしさを維持・継続することであり、「人材マネジメントポリシー」もまた、これらに呼応した内容になるであろう。
　またあるいは、システム開発を生業とし、エンジニアが多いＩＴ

関連会社であれば、出社時間・帰社時間を縛るよりも、時間の使い方に自由度を持たせられるフレックスタイム制や在宅勤務制度などを導入し、生産性が高い職場環境をつくることを目的に、勤務裁量を与えるほうが良いかもしれない。

　会社が採る戦略によって「あるべき人材像」が異なるように、そのあるべき人材を最大限に活かすための「人材マネジメントポリシー」もまた、大きく変わるのである。

　製品の生産工程や製品品質の厳格さが求められ、これらが競争優位性の源泉となっている工場では、生産工程や製品品質の厳格さを遵守することが「人材マネジメントポリシー」に反映される。

　またあるいは、顧客の問題解決を強みとする会社においては、顧客の問題を明らかにし、その問題に対してあらゆる角度からの解決策を提示することが求められ、それらに沿った「人材マネジメントポリシー」が策定される。単なる製品売りやサービス売りをすることは求められない。

　「人材マネジメントポリシー」は、「あるべき人材像」はもちろんのこと、「組織・人事戦略」「企業戦略」「事業戦略」「機能別戦略」、そして「企業理念」や「経営理念」と合致していなければ、真の効果は発揮できないと言える。

　また「人材マネジメントポリシー」は、図表1-4のように、人材調達、制度、権限、裁量、アサインメント、そして育成に分けて検討・策定することで、より具体的にすることができると言える。

○人材調達ポリシー

　「人材調達ポリシー」とは、あるべき人材をどのように調達するのかという方針である。まず考えられるのが採用であろう。こ

図表1-4　人材マネジメントポリシー概要

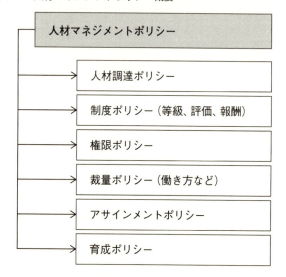

れには新卒採用もあれば中途採用もある。専門職やマネジャークラス以上の人材ならば、ヘッドハンティングという選択もあるだろう。

「企業理念」や「経営理念」などを理解することはもちろん、組織文化や風土も受け継ぐことを前提に、人材に求める役割やポジションに沿って、採用手法を変える。たとえば、将来、会社の中核となる人材を育成したいのであれば、新卒採用。またあるいは、特定の分野ですぐに活躍ができる人材を求めるならば中途採用。直近で求める役割やポジションと中長期的に担って欲しい役割やポジションを加味して、どのように調達するのかを「人材調達ポリシー」で明確にする。

また一方で、あるべき人材を中長期的な目線で調達するという

観点から考えると、「人材調達ポリシー」だけなく「育成ポリシー」にも関わってくる。つまり、どのような「育成ポリシー」に沿って、あるべき人材を育成していくのかにより、調達する人材のタイプやレベルも変わってくるのである。

○制度ポリシー

「制度ポリシー」とは、基幹人事制度（後述）の根幹となる、等級制度・評価制度・報酬制度の三つの各制度の基本となる設計方針、運用方針のことを指す。たとえば、老若男女を問わない競争環境を醸成したいのであれば、比較的成果主義的な「制度ポリシー」が合致する可能性が高い。またあるいは、難易度の高い職務に対する習熟度を着実に高めていきたいのであれば、時代とは逆行するように聞こえるかもしれないが、比較的年功主義的な「制度ポリシー」が合致する可能性もある。

「制度ポリシー」の中の評価の思想は、市場トレンドから言うと、日本の経済市場の成長は鈍化傾向にあるため、右肩上がりの景況を前提とした絶対評価ではなく、相対評価がトレンドとなるが、必ずしもそうとは言えない。前段でも述べたが、市場のトレンド（年功主義より成果主義、絶対評価より相対評価など）ではなく、自社の「企業理念」や「企業戦略」に沿って、「制度ポリシー」を策定し、その中で明確にしていくべきであると言える。

また、策定される「制度ポリシー」が、「年功主義や成果主義」「絶対評価や相対評価」といった一般的に用いられる言葉や思想である場合には、自社の「企業理念」や「企業戦略」に沿って、どのような思想や考え方であるかを、自社の言葉（自社らしい言

い回しなど）を付加することで、社員に対してのメッセージとしても有効に機能させることができると言える。

○権限ポリシー、裁量ポリシー

　たとえば、高品質な製品の維持のために厳格なマネジメントを行う会社と、創造性を活かすために自由なマネジメントを採る会社があるとする。それぞれの会社において、現場に与えられる権限や裁量は異なるであろうことが想像できる。またさらに、与えられる権限や裁量も、職制やランクによって異なってくるであろう。このように、社員にどれほどの権限や裁量を与えるのか、その方針を定めるのが、「権限ポリシー」や「裁量ポリシー」であり、権限委譲の方針である。

　労務管理として、規律をどのように定めるのか——、厳格にするのか——、柔軟な働き方を認めるのか——。また、各社員の決裁権をどの程度まで付与するのか——、あるいはしないのか——。業務を進めていく上での権限や裁量の度合いをここで定める。

　裁量の度合いを定める「権限ポリシー」や「裁量ポリシーは」、対象となる社員に対しての信頼度や期待度を示す指標にもなる。誰にどれだけの権限や裁量を、という観点だけでなく、それらを委ねる期間も重要なポイントになる。長期的な権限や裁量の付与にするのか、短期的・一時的な付与にとどめるのかなど、自社のスタンスを明確にしておく。

　権限や裁量の付与は、委譲することに対する不安が伴う一方で、上級マネジメント層は日常の意思決定から解放され、中長期の戦略立案などに時間を割けるという効用もある。上位層の戦略的時間をいかに捻出できるか、という観点も含め、総合的に検討する。

○アサインメントポリシー

「アサインメントポリシー」とは、配置・配属、またプロジェクトなどへのアサインメントの方針を指す。どのような職歴・経験・実績・知識・能力などを持った人材を、どこに、どのように配置し、どのような仕事を任せ、新たにどのような職歴・経験・実績・知識・能力などを、習熟・形成させるのかの基本的な方針である。

「アサインメントポリシー」の主な目的は二つ。一つは、社員の仕事でのパフォーマンス（アウトプット）を最大化するため。もう一つは、アサインメントを通して、社員に新たな職歴・経験・実績・知識・能力を形成（インプット）するためである。これらは各社員のタレントを活かし、またタレントを伸張させる、タレントマネジメントを実践する上での基本的な考え方でもある。

そして、会社の中長期的な人材ニーズに合わせたタレント形成を行うだけでなく、複線型キャリアパスを準備し、社員の特性に合わせたキャリア形成を行う。また多様な雇用区分やワークスタイルによる働き方ができるようにすることも、「アサインメントポリシー」の範疇となる。

○育成ポリシー

人材を採用した後に、その人材をあるべき人材像に向けて、どのように育成していくのかを「育成ポリシー」に沿って定める。どのような内容の知識やスキル、またスタンスを、どのような方法やタイミングで身につけさせるべきかの基本的な方針を定めるのである。

人材育成の手段や方法は多数あり、それぞれ特徴があるため、学ぶ内容やタイミング、学ぶ環境などと目的とを対比させ、効率的・効果的である手段や手法を選択する必要があると言える。また、習得した内容が、定着・蓄積されていくように、実施の順序やフォロー体制、育成の仕組みの体系化などにも配慮する必要がある。

　また前述の通り、「育成ポリシー」は「人材調達ポリシー」とも深く関係する。さらに人材を育てるという観点から考えると、「権限ポリシー、裁量ポリシー」「アサインメントポリシー」とも関係すると言える。「育成ポリシー」＝教育研修の実施ではなく、「人材調達ポリシー」「権限ポリシー、裁量ポリシー」「アサインメントポリシー」との関係性も加味し、基本方針を検討する必要があると言えるであろう。

基幹人事制度を構築する

○なぜ、基幹と呼ばれるのか？

　次にいよいよ「基幹人事制度」の構築に取り組んでいく。

　「組織・人事戦略」が、各戦略と首尾一貫した考え方のもとで連携し、その考えのもとに設計・運用されて、「人事制度」は効果的に機能していく。人事制度とは、社員の職務や役割などを明確にする「等級制度」、そして、その職務や役割などの進行状況や達成状況を評価する「評価制度」、最後に、職務や役割またそれらの進行状況や達成状況によって支払われる報酬を決める「報

酬制度」から成り立つ。つまり、人事制度は「等級制度」「評価制度」「報酬制度」という三つの制度から成り立ち、これら三つがお互いに関係し合って初めて人事制度は体を成すのである（図表1-5）。

また、組織・人事領域には、先に述べた「人事制度」以外に、退職金制度、ストックオプション制度、インセンティブ制度、人材育成制度、キャリアデベロップメントプログラムなど、多くの制度と呼ばれるものが存在する。しかし、それらの制度は単体では十分な機能はしない。

たとえば、退職金制度は、これまでの功績を年功の観点や成果の観点などから割り出すにあたり、在籍中の評価の累積や退職時の等級、また在籍年数などに従って、功績を定義し退職金金額を算定して支払う。つまり、退職金制度は、「等級制度」「評価制度」「報酬制度」の三つの制度と関わり合って初めて、具体的かつ妥当性の高い制度となる。これは退職金制度に限ったものではなく、そのほかの諸制度においても同じことが言える。そのため、「等

図表1-5　基幹人事制度の構造

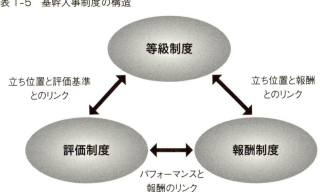

級制度」「評価制度」「報酬制度」の三つの制度は、制度の根幹となることから「基幹人事制度」と呼ばれるのである。

　昨今、HR（Human Resource）テックが注目され、簡便に評価できるクラウド型の評価システムが市場に多く出回っている。これらの評価システムにおいては、過去の評価情報の蓄積や評価そのものの運用の簡便性は担保できるであろう。しかし、前述した「等級」「評価」「報酬」それぞれが関わり合った真の意味合いでの「人事制度」としては体を成さないものが多くあり、その場合「基幹人事制度」としては機能しないのが実情である。
　つまり、出回っているそのような評価システムだけでは、企業戦略や事業戦略、そのほかの戦略の実現に対して、妥当性のある仕組みにはならないと言えるのである。

○等級制度

　「等級制度」とは、社員を職務や職務遂行能力、また役割などで序列化する仕組みである。各等級に求められる職務や必要な職務遂行能力、また役割などを定めるだけでなく、会社によっては組織上の役職ごとに定める場合もある。これらの職務や職務遂行能力、また役割は、会社が求める「あるべき人材像」からも導かれることで、会社独自のものになる。
　「あるべき人材像」を部署の仕事や役割などに落とし込んだ際、部署の仕事や役割によって求められる職務や職務遂行能力は変わる。それらに応じて等級で定義される、職務や職務遂行能力、また役割が細分化され、具体化することになる。等級の定義を明確にしておくことで、「評価制度」において設定する目標のレベル

や評価の基準、「報酬制度」における基本給が何の対価として支払われているのか、などといった点が明確になり、人事制度の一貫性が担保される。

○評価制度

「評価制度」とは、等級ごとに配置された社員が、等級定義の全う及び期待された活躍をしているかどうか、文字通り評価する制度である。評価と聞けば、給与が上がるのかどうか、誰しもそこに関心を向けがちだが、報酬を決めることだけが、「評価制度」の目的ではない。

課や部の目標がどの程度達成されたのか。「評価制度」は、部や課の目標の達成度合いを、社員一人ひとりのレベルまで下ろして考える上で有効な手段となる。また「評価」によって各社員の状態を知り、次に、どこまでを目標にするのかを明白にすることができる。業務が目標の形で適正配分されて、組織の機能として果たす役割を抜け・漏れなく遂行できているかといった、業務適正化の視点も重要になる。

さらに「評価」には、社員を育成するという目的もある。あるレベルの仕事をやり遂げたと「評価」できれば、次により難しい高度な仕事を任せていく。ここでも「あるべき人材像」をモデルに、段階的に社員の育成を図っていくのである。目標に未達の場合には改善課題を明確にし、育成を図り、期待するレベルまで底上げを行っていく取り組みも重要になる。

○報酬制度

「報酬制度」とは、基本給や諸手当、賞与など社員に支給する

報酬の体系を指す。役割給や職能給などの基本給。住宅手当、家族手当、営業手当などの、社員の状況や状態に沿って支払われる諸手当。会社や部門、また個人の期中の成果に沿って支払われる賞与。そして、残業や早朝勤務などの時間外手当など。社員に支給される、金銭としての報酬を何に対する対価として、どのように、どのくらい支給するかを定めた制度である。

どのような会社でも、等級が上がれば、基本給も上がる仕組みが原則とはなるが、その度合や上がり方は、やはり「企業理念」から始まる戦略やポリシーと密接に関連したものになる。

たとえば、会社が長く勤める社員を大事にしたいというポリシーを採るならば、基本給は年齢や経験年数に連動するような年齢給・勤続給や経験給が主体となるだろう。加えて、確実に上がる一方で、長期雇用が前提であるため、上り幅は小幅の傾向となるだろう。またあるいは、社員に対してすぐに成果を上げて欲しいというポリシーの場合は、業績給の割合が多くなる。昇給の上げ幅も業績に連動して大きくすれば、同時に下がる幅も大きくなるであろう。このように、報酬制度は会社の掲げるポリシーを処遇に反映したものになる。

◯そのほかの制度とも矛盾なく

人事制度としては、ほかにも退職金制度やストックオプション制度、インセンティブ制度、人材育成制度、キャリアデベロップメントプログラムなどがあるが、前述の通りこれらの制度も基幹人事制度と連動したものにしていく必要がある。

しかし、基幹人事制度と周辺制度の改定のタイミングなどが異なり、基幹人事制度と周辺制度に齟齬や矛盾、また不具合が発生

している場合がある。

　たとえば、成果を上げることを社員に期待する会社であれば、退職金についても、単なる報酬の積み立てではなく、在籍中に会社にどの程度貢献したのかを評価し、退職金支給額に反映させるべきだろう。またこれらは、ストックオプション制度も同様である。ストックオプションを機械的に割り当てるのではなく、会社への貢献度合いによって、配布する量を定めるほうが妥当と言える。そのほかの各インセンティブ制度も同様である。会社の成長のどの部分に貢献したのか──、業績なのか、組織づくりなのか、それとも人材づくりなのか──、あるいは文化・風土づくり、また短期的なプロジェクトの成功に貢献したのか──。種類や貢献の度合いによってどれほど報いるのかを、あらかじめ制度として設計していくことが必要である。

　ここで重要になるのは、制度ポリシーに沿って、周辺制度も設計・改定していくことである。基幹人事制度の設計・運用方針である制度ポリシーに沿って、周辺制度も設計・運用・改定することで、齟齬や矛盾、また不具合は少なくなる。

　これらは制度ポリシーに限ったことではなく、そのほかのポリシーとの関係性においても発生する。たとえば、成果を上げることを期待し、フレックスタイム制や在宅勤務制度など、働く時間や場所も自由にしている会社の「報酬制度」が、年齢給や勤続給が主体で、住宅手当や家族手当が手厚いのであれば、成果を追求する社員は多くならないと考えられる。働く時間や場所も自由にしているのであれば、一方で業績における責任を付加し、追及できるよう、業績給や比率の高いインセンティブ制度にするなどが妥当と考えらえる。

首尾一貫したメッセージを発信することで、メッセージに矛盾をなくし、社員に対して明確なメッセージを伝える必要がある。そのためには、制度ポリシーに沿った制度設計と、そのほかのポリシーとの整合性が重要になってくると言える。

採用戦略、人事・労務管理プロセス、育成施策、各施策を定める

　基幹人事制度が確立すれば、それに応じた「採用戦略」「人事・労務管理プロセス」「育成施策」の構築が可能になる。それらに取り組む時、社員の採用・配置・育成という一連の流れを通して、社員をどのように活躍、そして定着させていくかを、念頭に置くべきであろう。

○採用戦略

　「採用戦略」では、「あるべき人材像」に沿って、合致する人材また近い人材をいかに採用すべきか、その手段や方法を定める。

　「等級制度」「評価制度」「報酬制度」からなる基幹人事制度が固まれば、「等級制度」の等級定義や役職定義が定まっており、採用する人材に求めること、つまり、担う職務や求められる職務遂行能力、また役割が、採用基準としても明確になる。これらを具体化し、募集要項として落とし込んでいく。

　採用する人材像によって、最適な方法や手段は異なる。選考の方法や面談の回数、利用するメディアやパートナー会社など、採用する人材像によって最適な採用プロセスを設計していく必要がある。採用手法は、ダイレクトリクルーティングやリファラル採

用など、新しい手法や考え方が生まれ、古い手法の淘汰が著しい。そのため、採用プロセスを設計したところから、すでに陳腐化が始まっていると言っても過言ではない。したがって、採用市場の情報収集を怠らないことも重要と言える。

　採用プロセスの設計においては、人事部門だけでなく、現場、いわゆる受け入れ部門の社員も巻き込んだ設計が重要である。受け入れ部門の社員を巻き込むことで、各部門における受け入れ責任の醸成や、ミスマッチを抑制することにもつながる。

○人事・労務管理プロセス

　「人事・労務管理プロセス」では、社員の配置・活用・把握を行う。「あるべき人材像」に向けた人材づくりはもちろん、社員のパフォーマンスを最大化するための、戦略的な配置やキャリパスの運用、モチベーション管理、また労務管理などを行う。社員個々の就業状況や状態を把握し、また望むキャリアなどを加味し、適材適所で人材を配置していく。そうすることで、人材が持つポテンシャルを最大化し、成果創出に導くことが可能になる。

　同じ仕事ばかりではパフォーマンスは落ち気味になる。定期的な計画異動を検討・実施し、新しい職場で新しい仕事を始めれば、再び高い意欲で働くことができるようになるケースも少なくない。全社員を見渡しながら、仕事のローテーションを計画的に行っていくのである。また、将来の幹部候補生ならば、なおさら多様な仕事やキーとなる仕事やポジションを経験する必要がある。異動は社員の職務適性によって行うだけでなく、社員のキャリアアップやスキルアップにもなるように、育成も考慮しながら計画的に行っていくのである。

社員の持つスキルや経験を把握し、中長期的な育成を行いつつ、適切な仕事に着任させ最大の成果を上げるための施策として、最近、注目されているのがタレントマネジメントである。タレントマネジメントとは、「採用」〜「配置」〜「評価」〜「育成」〜「退職」までを一貫して管理するマネジメントの考え方である。タレントマネジメントを実現していくためには、「人事・労務管理プロセス」を単体として考えるのではなく、会社が人材に対してどのように接するのかを定義した「人材マネジメントポリシー」と仕組みの整合性を担保しつつ、首尾一貫したマネジメントが求められると言える。

○育成施策

　「育成施策」とは、「あるべき人材像」をもとに定義された等級制度に沿って、社員に対して体系的に学びの機会を与える施策である。あるべき人材像から定義された等級制度の中には、職務の内容やその職務を遂行するために必要な能力、また組織上担うべき役割などが定義されている。この定義から、求められる知識やスキルを抽出し、明確にして、体系的な「育成施策」を実施するのである。

　求められる知識やスキルは、一般的に大きく四つに区分される。①対人関係を円滑にし、人とのつながりを最大限に活用するための能力（対人関係能力）を司る「コミュニケーションスキル」。②仕事や業務を的確にこなす能力（業務遂行能力）を司る「テクニカルスキル」。③物事の本質を捉える能力（概念化能力）を司る「コンセプチュアルスキル」。④職種や職務、また役割を担うために必要な「知識」。──各等級に求められるこれらの知識や

スキルを、各等級区分に定義し、体系立ててまとめたものをスキルマップと言い、そのスキルマップに沿って、「育成施策」を具体的に落とし込んだものを育成体系という。

また「育成施策」の具体的な方法は、三つに区分される。①職場での職務遂行を通して指導を受けるOJT（On the Job Training）。②職場から離れた学びの場で学ぶOFF-JT(OFF the Job Training)。③会社から与えられるのではなく自己啓発として取り組み、会社は時間や費用などの支援をするSDS(Self Development System)。前述の、求められる知識やスキルに沿って、それぞれどの方法が適しているのかを吟味し、育成体系として整理していくのである。ここでは、「育成施策」について、概要をまとめたが、広義における人材育成においては、「育成施策」だけが育成の方法ではなく、前述の配置や配属なども育成につながる。そのため、「育成施策」は「人事・労務管理プロセス」と合わせて検討・運用する必要があると言える。

「人事制度」構築の手順と費やすべき期間

実際の「人事制度」構築には、どのような手順を踏み、どれほどの期間を要するのだろうか（図表1-6）。

当社が「人事制度」の構築を依頼された場合、最初に行うのが、社長及び経営幹部のインタビューである。社長・経営幹部の事業への想い、会社経営を通して実現したいこと、社員への想いなどを確認する。同じように、役員や管理層の社員、キーマンとなる

図表1-6 基幹人事制度構築スケジュール

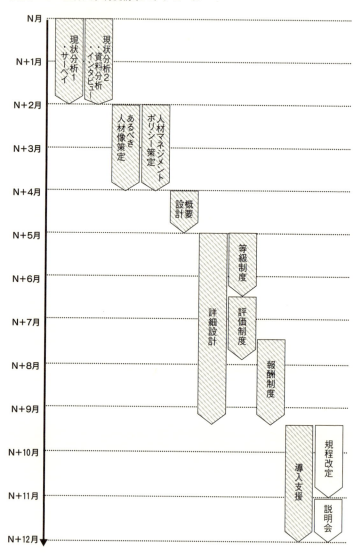

社員へのインタビューも行う。必要ならば、独自の意識調査ツール（サーベイなど）により、より広範囲の社員の意識を把握することもある。

これらの過程を通して、会社全体の状況の理解に務めるわけだが、特に留意するのが、各階層の間の認識や意識の"ギャップ"である。まず、社長と役員、あるいは社長と一般社員との間のギャップはどの程度あるのか。社長の想いとは裏腹に、社員は全く違うことを考えているということは、よくあることである。同じようなギャップは、役員と中間管理職、管理職と一般社員、あるいは役員や管理職など同じ層の中でも見られる。

なぜ、このギャップを知ることが必要なのか。たとえば、高邁な企業理念を掲げ、社長も全社をあげてそれに向かって邁進しているつもりだが、社員にその想いが一向に届いていないということはありがちな話である。"ギャップ"に注目することで、そのような実態が分かってくるのである。

また、社長が何か意思表示をしても、間に入る役員や管理職、中間管理職層の認識に、そもそもギャップがあれば、社長の言葉を役員や管理職が自分で消化しきれず、社長の言うことをそのまま部下に伝え、理解されないまま終わることも少なくない。言葉だけが降りてくる環境に置かれた場合、一般社員は間に立つ管理職が何も考えていないことを敏感に察知し、上司の話を聞かなくなったり、管理職の存在そのものに疑問を持ち始めたりするのである。

弊社への人事制度構築などの依頼の背景は、目に見える制度矛盾を解消したいというものが多い。たとえば「等級と評価、報酬

がリンクしていないので、リンクした基幹人事制度を構築したい」「残業を加味すると、管理職と一般職の賃金に逆転現象が起きているため解消したい」など、制度矛盾の典型的なものが多い。このような目に見える問題点を解消・修正すれば、それで全てが解決すると期待する経営者や役員は多い。しかし、各層へのインタビューを行うことにより"ギャップ"が明らかになり、問題は制度矛盾といった表面的なものでなく、より根深いことが明らかになることも少なくない。その場合には、制度矛盾といった目に見える問題点を解決しても、本質的な解決にはならないのである。

たとえば、"人を育てること"を企業理念として掲げ、外部に発信しながら、内部では報酬制度をはじめ人事制度全体が、成果主義に偏重した体系になっている会社があるとする。社員は、会社が外部に発信している内容と、内部で構築している制度に矛盾を感じ、会社の考え方に疑問を抱く。この状態が続くと、会社への貢献意欲は高まらず、社員が定着することは難しいことが容易に想像つく。このような事例は極端ではあるが、整合性のない制度により、社員に矛盾したメッセージを送っているケースは多い。このような状況にある中で、社長や役員は、社員のやる気のなさを嘆き、自分たちの責任とは考えない。このような構図は意外に存在する。

「現状分析」では、「企業理念」から「経営理念」、さらに「企業戦略」「事業戦略」「機能別戦略」が、「組織・人事戦略」や「人材マネジメントポリシー」と矛盾なく一貫したものとなっているのか。また社長や役員、管理職、一般社員の間の意識のギャップをも知ることで、真に取り組まなければならない問題点は何なのかを洗い出していくのである。この社内の現状を知るのに1カ月

から2カ月。その結果を踏まえて、「あるべき人材像」と「人材マネジメントポリシー」をまとめる（またあるいは、新たにまとめ直す）のに、さらに1カ月から2カ月を要する。

その後、約5カ月半の期間を経て、「人事制度」の概要設計〜詳細設計を行う。概要設計では、「あるべき人材像」「人材マネジメントポリシー」に沿って、人事制度の大枠を決めるのである。のちに、詳細設計にて、「等級制度」「評価制度」「報酬制度」の順で構築していく。この「等級制度」「評価制度」「報酬制度」の順は、最も手戻りが発生しにくい構築の順序であり、人事制度構築のセオリーとも言える。

新制度の運用開始2カ月前までに制度を完成させ、その人事制度の内容を諸規程（就業規程、等級規程、評価規程、報酬規程など）へ反映させ、規程の改定を行う。そして、社員全員に向けた説明会を開き、新人事制度の理解を求めるだけでなく、必要に応じて、新しい規程に基づく「労働条件通知書」などを準備する。またあるいは面談や研修会を行うなどして、新しい人事制度の浸透を図っていくのである。人事制度の変更により個々の処遇が変わる場合には、処遇変更の個別の説明や、場合によっては、労働条件の変更に関する同意書への署名を求めるなどの個別対応も必要になる場合もある。

こうして新しい「人事制度」の構築〜導入には、最低でも8カ月。平均すると約1年の期間が必要になる。しかし一方で、「十分な検討を経た人事制度の導入には、時間がかかる」ということを再三強調しても、すぐに新しい制度を導入したいと焦る経営者は多い。特に昨今、経営環境の変化は激しく、環境の変化に応じて、

すぐに新しい人事制度を導入したいという要望はよく理解できる。

ただ一方で、短い期間で何度も人事制度を刷新することに対するリスクも考えておいたほうが良い。つまり、短い期間で、処遇の体系や内容、また評価の指標がころころ変わるわけである。このような事態が起こると、社員は会社そのものを信用しなくなる。

重要なのは、人事制度をすぐに刷新することではなく、会社と社員の間の信頼関係をどのように構築していくか、会社が発信したいメッセージを社員にいかに早く届けるか、なのである。

弊社でも、"すぐに新しい制度を導入したい"という要望に応えるべく、一部の制度ができた段階で、プロトタイプの運用に入り、それを走らせながら、残りの制度を構築していく、「アジャイル型の人事制度構築」を行っている。たとえば、プロトタイプの評価制度を導入し、評価制度を運用しながら、社員の目標設定レベルや評価者の評価レベルを上げつつ、等級制度のもととなる各職務内容や役割区分のヒアリングを行う。まさに人事制度構築を運用しながら行う方法である。社員にとっても、「人事制度」の段階的な導入を通して、経営環境の変化を感じてもらえる良い方法ではあるが、それでも全ての制度が揃い、現実に運用できるまでにはやはり1年はかかるのが実情である。

社員の意識を変え、事業に貢献し、企業戦略をはじめとする各戦略の実現はもちろん、企業理念を体現していく「人事制度」を本気で考えるならば、付け焼き刃的な人事制度に甘んじることなく、会社と社員の間の信頼関係をどのように構築していくか、会社が発信したいメッセージを社員にいかに早く届けるかにこだわりを持ち、取り組んで欲しい。

人材マネジメントの仕組みを運用する

○つくっても運用しなければ意味がない

　「基幹人事制度」ができ、採用戦略と人事・労務管理プロセス、そして育成施策が整えば、後は実際に新しい人事制度を運用する段階に入る。これらの人材マネジメントの仕組みは、構築しても運用されていなければ意味がない。

　だが現実には、評価面談を実施しなかったり、評価のフィードバックがなかったり、教育研修を行ったり行わなかったりとまちまちな運用になることは少なくない。運用がまちまちになる、抜け・漏れが発生するなどが起こると、人材マネジメントの仕組みは非常に機能しづらいものになってしまう。

　また、人材マネジメントの仕組みに対する社員の理解度も非常に重要になってくる。新しく構築した基幹人事制度の意味や意図を、社員が誤って理解していれば、やはり適切に機能させることは難しくなる。人材マネジメントの仕組みは、そのつながりからも分かるように、「企業理念」や「企業戦略」の達成のためにある。しかし、運用がまちまちであったり、社員が正しく理解していなかったりすると、ただの給与や賞与の査定や支給を行う仕組みにしかならず、「企業理念」や「企業戦略」の実現は難しくなる。

　「企業理念」や「企業戦略」に沿った人材マネジメントとはどういうものなのか、全ての社員が新しい人事制度の意味や意図を理解し、そして目指している会社のゴールを理解した上で、構築してきた人事制度を"抜け・漏れなく"運用していくことが重要に

なるのである。

　また組織は、若い人材や新しい人材が入社し、これまで会社を支えていた古株の人材が退職するといった、新陳代謝が行われることで、組織の若さは保たれる。つまりは、自社の人材マネジメントの仕組みを知らない人材が入社し、よく知っている人材が退職するわけである。このように人材マネジメントの仕組みは運用していたとしても、組織からは忘却されてしまう構造になっている。よって人事部門は、人材マネジメントの仕組みを社員に理解させるための取り組みを、恒常的に行う必要があると言える。

○目標設定も「抜け・漏れ」なく

　人事制度の運用の中でも、特に難しいのが目標設定である。目標は「企業理念」などの上位概念や各戦略から導かれて設定するものである。上位概念や各戦略から、事業の目標を端的かつ明確に示す経営指標を用いて、目標を設定するのである。事業全体の目標を小さな要素に分解して実現すべき業績として指標化したKPI（Key Performance Indicator）を用いる。その例が図表1-7である。

　会社全体の目標が「利益増」ならば、それを実現するためには「売上増」と「コスト減」が考えられる。この二つをさらにブレイクダウンしていくと、図では最終的にいくつもの目標や指標に分けることができる。

　図の右のように「ロイヤルカスタマ顧客数（増）」、「クロスセル案件数（増）」など分解した案件は、それぞれの担当する部署に割り当てられ、各部署でもまた、それら案件一つひとつをさら

図表 1-7　戦略マップ／利益構成から会社 KPI を設定：例

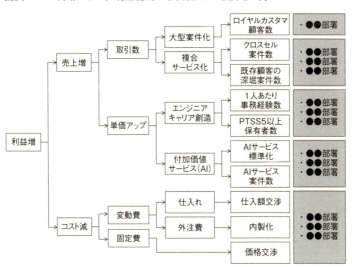

にブレイクダウンして、最終的には各社員の目標にまで落とし込まれていく。「利益増」という会社全体の目標が、実に多くの細かな目標や指標で成り立ち、違う部署の違う立場の社員であっても、一斉にそれぞれの役割を果たすことで、初めて会社の目標が達成されることがよく分かるだろう。一般に、多くの部署や社員が関われば関わるほど、あちこちの部署で目標や取り組み内容に重複があったり、逆に抜け漏れがあったりとコントロールは難しくなるが、このように「戦略マップ」を用いれば、「抜け漏れなく、重複なく」組織として目標に取り組むことが可能である。

○決して後戻りさせない

　頑張っている社員に報いたい。会社をより飛躍させていきたい

——。明確な意図でつくった新しい人事制度であっても、大きな変化には、必ず抵抗が伴うものである。人間はこれまでのやり方を崩すような変化に対して生理的に反感を持つものだ。

新しい制度に馴染めない——、部下の反発を恐れて適切な評価ができない——、制度に不具合が生じている、それならばいまのままで良いのではないか——。

社員の間にそんな気持ちが生まれ、放っておけば何も変わらなくなってしまう。当初に持った問題意識を忘れず、新しい人事制度を発進させたならば、不退転の決意で運用する。壁にぶつかれば、各制度の根拠となるポリシーへ立ち返り、その精神を思い出す。不具合があれば直ちに修正する。会社が必要とする人材に報い、育成し、会社の理念を実現していくためにも、固い意志を持って継続し、決して後戻りさせてはいけないと言えるであろう。

ダイナミック、かつ創造的な人事の仕事を

人事部門の仕事というと、どのような仕事をイメージするだろうか。社員の就業時間を集計して給与を計算し支給する。また、来期の新卒採用に向けて準備を進める。またあるいは、今期の教育研修の受付と運営を行うなど、比較的オペレーションに偏重した仕事をイメージするのではないだろうか。

また一方では、社員を異動させる権限を持ち、定期異動の計画を立て、粛々と実行するといった、厳格で、ややブラックボック

ス的なイメージも強いのではないだろうかと思う。

　いずれにしても、明るく能動的でクリエイティブというよりは、厳格で決してミスが許されない受動的なイメージが先行する場合が多いのではないだろうか。しかし、本章を読んでいただければ分かるように、人事部門の仕事とは、「企業理念」や「企業戦略」を実現させるために、人材の持つ能力を最大限に引き出す、実にダイナミックな仕事なのである。

　経営資源である「ヒト、モノ、カネ、情報」の中の重要な位置づけであるヒトを、戦略的に採用、配置、育成、定着させることが求められる。ヒトが機能しないと「企業理念」も「企業戦略」も実現させることは難しいのである。人事とは、ヒトに深く関わる仕事である。経営者のパートナーとして、会社にとって最も重要なヒトの力を最大限に活かすことが仕事である。

　そのため、会社がどういう方針で事業を行っているのか、「企業理念」や「経営理念」はもちろん、そこから導かれる中長期の未来計画、さらに単年度の計画や各戦略をしっかり頭に入れることが重要である。しかもそれらがどう変化しているのか追いかけながら、最適な「組織・人事戦略」を描き、具体的な「人事制度」に落とし込み、運用していかなければならない。

　ＩＴ関連事業やサービス産業が隆盛し、人材がフォーカスされている昨今、多くの会社の命運を握っているのが、人事部門であると言っても過言ではないだろう。これまでの人事部門の仕事に加え、より戦略的でクリエイティブな役割を担う人事部門が、これからの会社の成長を支え、牽引していくのであろうと考えている。

Chapter 2

企業理念・ビジョン／組織風土・文化

「企業理念」と普段の仕事とを結びつける

　経営のメッセージをステークホルダーに明確に示すための一つの手段としてMVV（「ミッション」「ビジョン」「バリュー」）がある（図表2-1）。

　「ビジョン」とは、会社が中長期的に目指す方向を示す。中長期的に達成したい会社のありたい姿、数年～数十年先の会社の目標のことである。「ミッション」とは、「ビジョン」の実現に向けて、会社が果たすべき任務や使命のことである。「バリュー」とは、「ミッション」の成果として創出する短期的な価値のことである。

　つまり、「ミッション」に取り組み、短期的な価値としての「バリュー」を創出する活動を重ねる。そうして数年～数十年先の「ビジョン」を達成するのである。「ミッション」「ビジョン」「バリュー」の関係を整理すれば、このように言い表すことができる。

　「ミッション」「ビジョン」「バリュー」、いずれも明確に定義することで、会社が向かう方向性をより具体的、現実的にすることができる。社員にとって、はるか雲の上にあるかのような「企業理念」や「経営理念」と、普段の仕事との接点を見つけるきっかけになるのである。

　「バリュー」や「ミッション」を、社員の行動指針として置き換えたのが「WAY」である。経営者や役員はもちろん、管理職も一般社員も全社員で共有する任務や使命を指す。全社員の行動の基準となる概念である。

　「企業理念」は会社によっては「DNA」と呼ばれたり、歴史のある会社では「社訓」とか「社是」とも言われ、何代にもわたっ

図表 2-1　考え方や価値観のマッピング

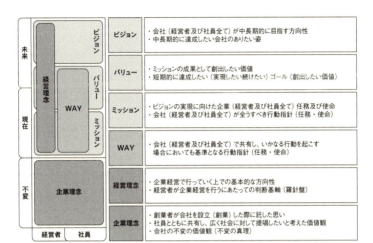

て語り継がれていることが少なくない。これらの"呼び名"は各社によっていろいろあり、また、それぞれによって内容や定義は異なる。最近は、理念重視の経営者が業績を上げていることから、多くの会社で多様な形で理念経営が採り入れられていると言える。

「企業理念」をはじめ「経営理念」「ビジョン」「バリュー」「ミッション」「WAY」などの上位概念は、何より社員の働きがいに大きく影響する場合が多い。

自分はいったい何のために働いているのか——、毎日の仕事にはどのような意味があるのだろうか——、生活のために金を稼ぐだけではなく、自分の仕事が世の中の役に立っている、社会にとって意義あるものになっている——。誰もがそうありたいと願っている。特に昨今の若い人たちは、働きがいに関して敏感である。

会社が崇高な「企業理念」を掲げ、実践していれば、社員はそ

れに共感し、自分の仕事も確かに社会に役立っていると確信が持てるであろう。共感できる「企業理念」と、普段の自分の仕事とがしっかり結びつけば、社員は働きがいを感じることができ、高いモチベーションで毎日を過ごすことができるのである。

だが会社が、お金を稼ぐ、あるいは業績を上げることにしか関心がなければ、「自分たち社員は業績を上げるための機能としてしか認識されていないのではないか」、といった考えが強くなっていく。社員は働きがいを感じることができず、仕事はやりがいではなく、ノルマになる。仕事を苦行のようにしか感じられなくなってしまう可能性も高い。

また曖昧で、ありふれた、風化してしまったような「企業理念」しか持たない会社も同様である。そのような「企業理念」ならば、社員の心に響くことはなく、社長室の額縁の中に飾られた"ただの言葉"に過ぎない。「企業理念」が社員の意識や行動に反映されていないのであれば、そもそも意味がない。

本来強いメッセージを包含している価値のある「企業理念」を持つ会社であっても、それが普段の職場で語られることは極めて少ないのではないだろうか。貴重なメッセージではあるが、日常とはかけ離れた崇高なものと、誤った認識をされているのが現実であり、自分の仕事と関連していると感じている社員はごく少数だったりはしないか。

「企業理念」や「経営理念」をもとに、数年〜数十年先の会社が目指す姿である「ビジョン」がつくられ、それを実現するために多くの会社では「中期事業計画」が策定される。3〜5年間の会社の事業計画である。

中期事業計画をもとに会社全体の単年度の計画が立てられ、そ

の単年度の計画に基づいて、各部署が担う部署別の計画がつくられる。部署別の計画はさらにその下に位置する部や課の計画に分解され、最終的には社員一人ひとりの目標に落とし込まれる。

社員の目標設定では、その社員がどれほどの能力を持ち、どのような実績を積んできたのか──、また、どれほどの権限を持ち、仕事を遂行していくことができるのか──。社員の等級と照らし合わせて検討され、目標が具体化される。こうして社員一人ひとりの目標が定まるのである。

その後も、仕事の進捗度合いによって「評価」され、それに応じて「報酬」が支払われる。目標の形で落とし込まれることで、一人ひとりの社員がそれぞれの役割を果たし、結果的に「企業理念」に近づき、実現されていく。このように一連の流れを見ると、全ては「企業理念」に沿って進んでいることがよく分かるはずである。

そもそも「企業理念」や「経営理念」、「ミッション」「ビジョン」「バリュー」が曖昧であったり、関係が整理されていなければ、まず明確にし、整理する必要がある。整理ができているほど、社内共通の価値観として明示しやすい。

「人事制度」構築も上位概念とのつながりを意識しながら

「企業理念」をはじめとする上位概念と「人事制度」は密接にリンクする必要がある。また同様に「人事制度」だけでなく、人事に関連するあらゆる施策も「企業理念」をはじめとする上位概念と密接に関連するべきである(図再掲)。

たとえば採用では、ただ人を集めれば良いわけではない。まず、会社の理念や事業活動に共感し、仕事を進める上で必要な知識やスキル、また経験を備えた人材でなければならない。その際にもやはり「企業理念」からブレイクダウンする形で、「あるべき人材像」を定義し、それを具体的な人材要件にして募集したり、内部で育成したりすることで、求められる人材を揃える必要がある。揃えた人材をいかに配置するかも同様である。育成や配置もまた、「あるべき人材像」を目指して行われる。ほかの諸制度も同様である。

　各制度が効果的に機能するか否かは、事業の特性とともに、会社の事業に対する姿勢——「企業理念」や「経営理念」などの上位概念によって大きく変わってくると言える。

　たとえば、営業で成果を上げた時、実際に得た利益に応じて報酬を支払うインセンティブ制度がある。一般に保険や不動産を扱う会社ではよく機能するのだが、オフィスのレイアウトを整える、とある会社で採り入れたところ、あまり機能しなかった。この会社では営業にそれほど力を入れなくとも、紹介などにより十分な売上を得ることができていたため、インセンティブを投下して営業活動を促進するまでもなかった。また、同社はオフィスデザイナーを多く雇い、営業会社というよりも、デザイン会社に近い事業運営をしていたためでもある。

　「企業理念」として言語化されていないまでも、会社の事業に対する姿勢が、制度の効果を左右するのである。

　社員が会社に貢献し、毎日の仕事にやりがいを感じて日々を送れるようにしたいのであれば、社会貢献性のある「企業理念」であることを前提に、「人事制度」をはじめ、人事に関連する施策

図再掲　企業活動の全体像

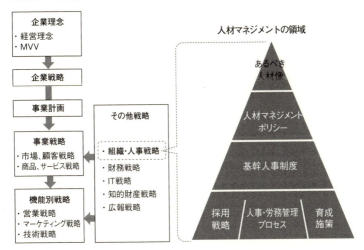

　全てを、「企業理念」などの上位概念としっかりと結びついたものにすると良いであろう。このことは、一見関係のなさそうな福利厚生制度においても同様である。「企業理念」と矛盾することのない一貫した福利厚生制度をつくって初めて、社員は迷いなく安心して仕事に向かうことができるのである。

　ここで「企業理念」をはじめとする上位概念と「人事制度」までのつながりや関係性を整理してみる。
　まず最初に、「企業理念」から「経営理念」「ミッション」「ビジョン」「バリュー」が、首尾一貫したものになっているかどうかを検証する必要がある。そして「企業戦略」に沿って、中期事業計画が策定されるとともに、「事業戦略」「機能別戦略」が策定される。

「企業戦略」とは、中期事業計画のもととなる戦略全体を指し、「事業戦略」は市場・顧客戦略や商品・サービス戦略を指す。「機能別戦略」は各事業を動かしていくための営業戦略やマーケティング戦略、技術戦略など。文字通り機能別に分かれて「事業戦略」を実現するための戦略となる。そしてこれらの戦略を下支えする「その他戦略」があり、その「その他戦略」のうちの一つに「組織・人事戦略」がある。

　この「組織・人事戦略」の中に、「あるべき人材像」「人材マネジメントポリシー」があり、「あるべき人材像」をつくるための「人材マネジメントポリシー」が策定され、「人材マネジメントポリシー」に沿って「人事制度」は構築される。

　このように流れを整理すると、「人事制度」を構築していく上で、「あるべき人材像」は非常に重要であることが分かる。

○あるべき人材像とは

　「あるべき人材像」とは、「組織・人事戦略」を実現していく上で、会社において求められる人材のイメージであり、全社共通のものから事業別・職種別のものなどに分かれたものがある（図表2-2）。たいていの経営者や経営幹部は「あるべき人材像」についてイメージはあるものの、明確に言語化できているわけではない。そしてこのイメージを具体的に言語化していくことは、かなり難度が高い。そこで検討するにあたっては、あえて対立するような軸を用意することで、「あるべき人材像」をより明確にしていくのである。

　たとえば、

図表 2-2 あるべき人材像とは

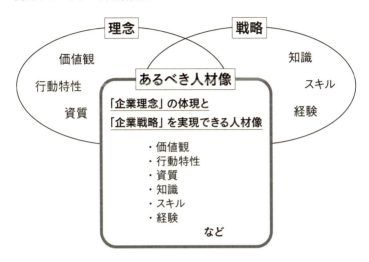

　専門を深く突き詰められる人材を求めているのか──。
　あるいは、広く事業全体を見てマネジメントができる人物を求めているのか──。

　実務のスキルや経験は浅くても、会社へのコミットメント、帰属意識や忠誠心が強い人材を望んでいるのか──。
　あるいは、会社へのコミットメントは最低限備えつつも、ある分野のスキルに長けている人材を求めているのか──。

　既存のビジネスの課題を解決し、さらに伸ばしていくことが得意な課題解決型人材を求めているのか──。
　あるいは、全く新しいアイデアを持ち、新規事業の開発に向いている新規創造型人材を求めているのか──。

このように、社内で意見が分かれるような対極の軸を示し、議論を深め、論点を整理することで、自社の考えを明確に言語化することが可能になる。何を論点とするのかを整理することも、検討を促進させる上では有効である（図表2-3）。

そして、「あるべき人材像」を検討した後は、必ずそれを文章化するようにする。

○あるべき人材像：例1

「営業経験が5年以上、特に○○の分野での経験があり、同時にインターネット広告の知識やノウハウも有す。顧客を分析・分

図表2-3 「あるべき人材像」を明確にする論点：例

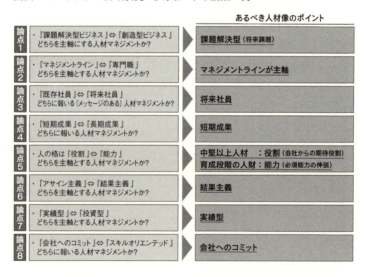

類し、各階層に応じた営業施策を提案する力も持つ。また、それをパワーポイントなどで表現することができ、自社内、あるいは他社でプレゼンするなど提案力も有する。少なくとも4〜5人を束ねられるリーダーシップを持つ」

○あるべき人材像：例2

「プロ集団としての自覚を持ち、自らビジネスを推進する人材（将来課題解決型人材）。アイデアを実現するような高い技術力を持ちながらも、アイデアや技術だけでなくマネタイズを図り事業としても成立させるような人材。自己の興味関心を高め専門領域を極めつつも、ビジネスとして自社に貢献する人材。常に現状に対して危機感を持ち、変化を実現、あるいは先導する人材」

このように文章化するとともに、言葉一つひとつの定義も明確にする。特に「リーダーシップ」や「論理思考」「意志を持つ」などの言葉については、曖昧で人によって解釈が分かれがちである。そのため、より明瞭な言葉を選んだり、社内で意味を定義し直せば、共通のイメージを持つことができ、採用や育成もスムーズに進めることができるようになる。

こうして策定した「あるべき人材像」を実現していくための人事の各施策の方針を定めるのが、「人材マネジメントポリシー」である。「人材マネジメントポリシー」は、「人材調達」「制度」「権限」「裁量」「アサインメント」「育成」の各分野についての方針を定めていく。その後、いよいよ「等級制度」「評価制度」「報酬制度」からなる「基幹人事制度」の構築に入っていくのである。

「組織・人事戦略」は決して独立して成り立つのではない。「事業戦略」「機能別戦略」の各戦略とは切り離すことはできず、さらにその上位概念である「企業理念」や「企業戦略」などに沿ったものでなければならない。
　「組織・人事戦略」から導かれる「あるべき人材像」「人材マネジメントポリシー」「基幹人事制度」もまた、上位概念や各戦略としっかりとリンクしている必要がある。上位概念から具体的な人事施策まで、首尾一貫したものになって初めて、働く社員は会社が持つ共通の価値観を理解し、共感し、目指す方向に確信を持って進むことができるようになるのである。

望ましい組織風土・組織文化をつくる

　多くの社員が「企業理念」を雲の上の存在のように感じているかもしれない。現実に、「企業理念」などの上位概念が形骸化している会社は少なくない。また形骸化とまではいかなくとも、「企業理念」からブレイクダウンされる各戦略の関係が曖昧だったり、矛盾が見られたりする会社は多い。崇高な「企業理念」や「経営理念」を掲げていても、経営者自身が信じておらず、もちろん実践していないケースもある。
　ある会社から人事制度構築のためのコンサルティングの依頼を受け、社長にインタビューをしたところ、その口から出てきたのは、社員が"いかにできないか"という否定的な言葉ばかりであった。社長室に掲げられた社是には大きく「感謝」とあったが、社長は少なくとも社員に感謝する意思はなかったよう思えた。また

一方で、社長は企業理念を信じ、自分ではそれを目標に邁進しているつもりでも、社員が冷めた目で見ているケースも多い。

最近は、社員を大切にすることを謳う会社が増えており、「社員の物心両面の幸福」を企業理念として掲げる例をよく目にするようになった。京セラ、JALなどで経営手腕を発揮してきた稲盛和夫氏の影響だろう。経営者の話を聞くと、確かに「社員の物心両面の幸福」を心から望んでおり、建前ではなく本気であることが分かる。だが、上位概念でそう謳いながらも、普段の会議の席では、業績の悪い部署の部長を、多くの社員の前で叱り飛ばしていた。「社員の物心両面の幸福」の実現のためには、業績を上げることは不可欠。そのため部下には厳しく当たっても仕方がない、という理屈である。社長は、物心両面の「幸福を追求している」ことを、当然、社員も理解していると信じているのだが、当の社員に話を聞けば、「きれいごとを言っているが、やはり業績が第一」と感じているだけであった。

特に、多くの日本企業はヒエラルキーが強く、上意下達の文化が根強い。そのため、下位の者が心理的安全を感じにくい環境が色濃く残る組織もある。そういった組織では、経営者の「企業理念」を熱く語る言葉や、社員や部下を叱咤激励する言葉は、社員の反発の対象になっているケースもある。やはり、社長の想いとは裏腹に、社員にとって「企業理念」とは、どこか遠くの他人事なのである。

経営者と社員の間の溝が、こうして知らず知らずのうちに広がり、「分断」が日常的になれば、社員たちは働く意欲をなくし、社内には諦めムードすら漂うようになってしまう。

「顧客第一」や「社員を大切に」という「企業理念」は崇高な

ものであり、また、そうあるべきであろう。一方で、企業活動を維持するには、売上や利益を度外視するわけにもいかない。顧客、社員、株主、売上、利益……。経営者はいずれにも関心を払わざるを得ず、実際に上位概念や事業計画を見れば、その中に必ずこれらの言葉を見つけることができる。問題は、意思決定の際にどれを優先するのかという、優先順位の置き方であろう。

　上位概念や戦略が首尾一貫していながら、なぜ、このような状況に陥ってしまうのかというと、明確に謳われている上位概念や戦略、計画とは別に、文字や言葉になりにくい、組織に影響を及ぼす要素があるためである。

　その要素とは、組織風土・組織文化であり、経営者は、これらについても意識してコントロールしていく必要がある。

経営に深く関わる組織風土・組織文化をつくる

　組織風土とは、組織に集まっている個人個人の価値観が平均化され、表面化した組織全体の価値観のことである。会社としてどう社会貢献していくのか、顧客に対してはどう向き合っていくのか。そして社員に対しては……？　いずれも大事な要素だが、会社によって優先順位は異なる。何を最優先にして行動するのか。それが組織の価値観──組織風土を決める。

　たとえば、ある社員の目標が未達だった時、あるいはミスをした時、厳しく叱責されるのか、放っておかれるのか、それとも温かい言葉で助言してもらえるのか──。会社の対応は、組織風土によってそれぞれ異なると言えるであろう。

一方、組織文化とは、組織を構成する一人ひとりの個人の考え方に基づく会社全体の行動原理や思考様式を指す。組織として何を重視すると決めるのか、あるいは何を重視する人材を評価し、大切にしていくのか。これらは組織文化に大きな影響を受ける。

組織文化は手続きの進め方や意思決定の方法に現れる。個人主義で動くのか、チームワークで動くのか——。年功的なのか、成果主義か——。絶対評価か、相対評価か——。人材育成の場面では、褒めて育てるのか、それとも厳しく叱るのか——。意思決定の面では、経営層の決断を忠実に実行していくトップダウンにするのか、現場の意見を吸い上げながら物事を決めるボトムアップにするのか——。

会社にとって、ベストな風土や文化があるわけではない。クラシックを聴きたいのか、ジャズが好みなのかといった、好みのようなものだ。

現実に、全社員が一糸乱れぬ行動を取るところに美意識や価値観を置く会社もあれば、最近、注目されているティール組織のように、上司・部下の関係が全くなかったり、全社員で給料を決めたりと、ピラミッド型の組織とは正反対のやり方を重視する会社もある。これらに正解はなく、どれもあり得るのだが、後述するように、どの会社にとっても参考になるような、良い組織風土・組織文化を持つ会社もあれば、明らかに改善が必要な、良くない組織風土・組織文化を持つ会社もある。組織風土・組織文化もまた上位概念や戦略と一致している、一致させる必要がある。

たとえば、人材に自由闊達さを求める会社があるとしよう。社員による活発な発言や発案の推奨を「企業理念」で謳い、「経営

理念」以下の概念や各戦略、また計画でも同様の事項を盛り込む。もちろん、個人の目標にも積極的な発言や提案を定め、それらを評価項目にも含めるなど「人事制度」として具現化するようにする。

　だが一方で、もともとの組織風土や文化が上意下達の一方的なもので、その状態が持続しているのであれば、社員は口を閉ざしたままであり、企業理念が体現されることは難しいだろう。新入社員が会議で勇気をふり絞って発言した時、先輩社員が、何を生意気なと、にらみつけるような風土のままでは、新入社員は二度と口を開かないはずである。このように心理的安全を脅かされた組織風土・組織文化では、普段の上司と部下との率直な意見交換など望むべくもない。

　上位概念や戦略は文章になっているため、検討や議論がしやすく、また、修正することでコントロールも可能である。しかしその一方で、組織風土・組織文化は明文化されていないだけに、無意識のうちに社員に刷り込まれ、受け入れられ、当たり前の行動様式として組織に浸透していることが多い。

まず、自社の風土・文化を知る

　"無意識"の領域にある組織風土・組織文化だが、意識的に望ましい形にコントロールしていくことは可能である。そのためには、まず、自社の組織風土・組織文化を知るところから始める。組織風土・組織文化を知るために有効な手段が、社員へのインタビューである。

弊社のコンサルティングの中でも、組織風土や組織文化を知るために、まずは経営者を筆頭に、管理職や一般の社員、キーパーソンとなる社員へのインタビューを行うところから始める。これにより、組織風土・組織文化を知ることができる。だが、1人のインタビューに最低1時間はかかり、その分析にもかなりの時間を要するため、多くの人を対象にすることはできない。そこで、調査用紙を用意して、それに答えてもらうことで、多くの社員の意識や実態を知ることが可能になる。

　たとえば弊社では、アンケートにより人材マネジメントの実態や会社の組織風土・組織文化を「見える化」するサーベイや、会社内の人間関係の状態を把握するサーベイを使って、組織風土・組織文化の把握を行っている（図表2-4）。

図表 2-4　組織風土や組織文化に関する調査項目（大項目）：例

	企業基盤	会社のステークホルダーに対する社会的活動の状況、企業に所属して働く上での基盤に関する事項
	事業活動	事業活動そのもののあり方、戦略のあり方、改善を図る活動に関する事項
	組織活動	組織における役割分担・協業体制、担当している職務や仕事内容に関する事項
	制度待遇	人事制度及び育成に関する内容及び、その諸制度の運用状況に関する事項
	労働環境	職場環境や、福利厚生及び社員に対する支援や協力の有無に関する事項
	風土環境	業務を進めていく上での協力関係、規律やルールの有無、及びそれらの遵守状態に関する事項
	人的関係	組織に所属している社員との関係性や魅力の有無に関する事項
上司	支援行動	円滑な業務遂行の妨げとなる事柄を解消するように努力する行動
上司	推進行動	部門の目標達成や、業務を円滑に進めるよう促す行動
上司	動機形成	部下が事業や業務に対して参画する意欲を持つように働きかける行動
上司	目標設定	部下に対して具体的な目標や行動計画を指し示す行動
職場	期待把握	期待やニーズを理解する組織内行動
職場	協力行動	メンバーを信頼できるように努める組織内行動
職場	成長行動	いままで以上の成果を求めようとする組織内行動
職場	積極行動	率先して理解・説明を促そうとする組織内行動

人事制度で変える

　実態が分かれば、次にどうありたいのか、ありたい姿を明確にする。参考になるのが図表2-5である。会社として実現したい世界観を、①社会貢献性として、②お客様（市場）に対して、③社員のため、④技術的側面として、⑤自社のDNAの堅持のため、そして⑥収益性として、の六つの面から具体化していく。

　実際に組織風土・組織文化を変えていく手法の一つは「人事制度」である。「人事制度」の等級定義や評価項目などを使い、望んでいる組織風土・組織文化に関連する項目を加えたり、望まない組織風土・組織文化に関連する項目を削除していく。

　先に、組織風土・組織文化に良し悪しはないと述べたが、明らかに望ましくない組織風土・組織文化は存在する。時折、ニュースを賑わせるような組織ぐるみで不正に手を染める会社が、典型的な例である。不正が明らかになった後、多くの場合、第三者委

図表 2-5　自社として実現したい世界観

実現したい世界観／大切にしたい価値観	①社会貢献性として
	②お客様（市場）に対して
	③社員のため
	④技術的側面として
	⑤自社のDNAの堅持のため
	⑥収益性として

員会が立ち上げられ、その原因を探っていくのだが、そこで多く見られるのが、過度なノルマ主義と、社内の風通しの悪さだ。

　過度なノルマ主義を是正するには、「人事制度」の評価項目を見直す必要があるだろう。過度なノルマ主義を促すような評価項目は削除し、顧客や社員、社会に対する貢献を評価していくように変更する。社内の風通しを良くしたいのであれば、評価項目として、社員の発言や発案を促す項目を加えたり、上司の立場にいる社員ならば、部下に対して「自社の社会貢献性」や「仕事の意義」を語ることを評価項目として加えるのである。

　「人事制度」の変更や修正によって組織風土や組織文化の全てが変わるとは言い難いが、組織風土や組織文化を変える一つの大きな要因となることは間違いない。

採用で変える

　自社の組織風土を守り、維持したいのであれば、新卒採用に力を入れることも効果的だ。先入観のない白紙の状態の社員に、自社の風土のもととなる価値観を教育するところからスタートするのである。また逆に、組織風土を大きく変えたいのであれば、全く違う組織風土・組織文化を持つ人材を中途採用することも一つの方法である。

　ある老舗会社の主力製品は業界ナンバー1のシェアを保ち、一見すると経営は順調に見えた。だが、その製品はすでに成熟期に入っており、いずれ売上は頭打ちになり、時代遅れになることは明白だった。かといって、社内に新規に製品を開発するような気

運はなかなか生まれてこなかった。これまでの商品力の強さゆえに、それほど営業に力を入れなくとも、製品はそこそこ売れていたからだ。多くの社員は、その状態に安住し、その延長線上でしか発想ができなかった。ぬるま湯的環境から抜け出せなかったのである。

そこで経営陣が決断したのが、全く違う組織風土・組織文化の形成を目的とした中途人材の採用だった。実際に該当する人材を見つけて採用し、商品開発のトップに就けたところ、期待通り、次々と新規商品の開発を進め、社内の風土や文化を大きく変えることに成功したのである。

上位概念とのリンクを忘れずに

ここまでに述べてきた通りさまざまな策が功を奏することもあるわけだが、注意する点がある。それは、あらかじめ、どのような組織風土・組織文化にするのかを、明確に決めておく必要がある、ということだ。

全く違う業界から、全く異なる組織風土・組織文化を持つ人材の獲得に成功しても、それがあらかじめイメージした組織風土・組織文化と異なるのであれば、経営陣との共通認識を持つことができず、新規事業を進めることは難しくなるだろう。せっかく採用しても社内で力を発揮するどころか、逆に不満分子となってしまうかもしれない。もともといた社員からの反発もあり、社内は混乱するばかりだろう。

ここでも重要になるのが、組織風土・組織文化もまた、「企業

理念」からブレイクダウンされた、矛盾のない首尾一貫したものにする必要があるということである。もちろん「ミッション」「ビジョン」「バリュー」とも無関係ではない。

　「企業理念」から組織風土・組織文化まで一貫したものであるからこそ、「人事制度」をはじめ、人事関連の各施策を矛盾なく進めることができる。社内の風土や文化をガラリと変え、思い切った発想や行動ができるようにしたいのであれば、そのような人材を採用するだけでなく、権限も裁量も与え、「人事制度」でも創造性を評価するなど、首尾一貫したものにしていかなければならない。全てを矛盾なく一貫して進めることで、改革は成功するのである。

　「企業理念」からブレイクダウンして「あるべき人材像」を明確にする過程についてはすでに述べたが、同時に、組織風土・組織文化についても、あるべき姿を明確にし、それらを念頭に、特に管理職以上の幹部社員を積極的に中途採用することで、組織風土を一新することも可能であろう。

　組織風土や文化を変えようとすると、どうしても社員一人ひとりの価値観と向き合わなければならない。これまで表に出ていなかった、際立った職業観を目の当たりにしたり、世代間の考え方の差に驚いたりすることも珍しくない。それらについても無理に統一するのではなく、幅広い価値観を受け入れつつ、「企業理念」を実現するために必要な会社の世界観や、価値観の理解を求めるようにする。

　新しいルールを定める必要があれば、内容の合理性、手続きの民主制、適用の平等性の3点を満たすように注意する。

　つまり、

①みんなで守るべきこととして納得できるかどうか──。
②全社員で話し合われて決められたかどうか──。
③そして例外なく、全社員に適用されるかどうか──。

これら3点を満たすことができれば、社長といえども独裁的な振る舞いはできなくなる。

「物心両面の社員の幸福」を謳いながら、会議では社員を吊るし上げる、といったような齟齬も解消できるだろう。

悪い組織風土・文化から、良い組織風土・文化へ

不正に手を染める、明らかに悪い組織風土・組織文化の会社を例にあげたが、逆に見習うべき良い組織風土・組織文化を持つ会社も存在する。弊社では「良い会社」を以下のように定義している。

①業績が上がっている
②顧客から圧倒的な支持を得られている
③社員がやりがいを持って働いている

この三つを満たす会社である。

労働環境が健全で、会社と労働者の双方の満足度や信頼度が高い会社は、これらを満たしている場合が多い。望ましい組織風土・組織文化を持ち、価値観の優先順位の置き方が明白である。自社の成長や発展のことばかりではなく、「顧客第一」「社員の幸福」を謳い、中期計画でも各事業部の計画でも、また、個人目標でも、常にそれを優先させている。

ある中堅の食品メーカーが、大手コンビニエンスストアチェーンから取引を持ちかけられたが、断ったというエピソードがある。取引をすれば売上が大幅に上がることは間違いないが、そのために社員が忙殺され、幸せとは言えない状態になってしまうのであれば、取引は行わないほうが良い。売上よりも社員の幸せを優先させたのである。

　顧客、社員、株主、売上、利益……。どれも大事なことに変わりはないが、いざという時の意思決定の際にどれを優先させるか、どれだけそれを徹底できるかで、社員は安心し、確信を持って働き続けることができる。

　社員が満足すれば、顧客に対しても満足を与えられる。その結果、売上は上がり、社員はますますやる気を出していく。「良い会社」とは、この好循環が成り立っている。売上向上と社員満足は対立軸にあるのではなく、両立が可能なのだ。

　一方で注意しなければならないのは、社員の満足のためには、給与を上げれば良いと考えてしまうことだろう。もちろん、給与は社員満足のための大事な要素だが、社員はそのためだけに働いているわけではない。社員の満足の大きな部分を占めるのが、働きがいである。

　どのような仕事にも働きがいはある。社員一人ひとりがそれに気づくことで、いままで苦痛に思っていた仕事に面白さを見出し、顧客の満足を考えるようになり、会社全体の業績を伸ばすに至った会社は多い。社員の働きがいを引き出すことで、好循環の波に乗ることができたのである。

　仕事の意義、働きがいに気づくために、四つのきっかけがあると考えられる。

一つ目は、自分自身で気づくことである。仕事を通じて、それが顧客にどう役立っているのか——、社会にどう貢献しているのか——、に気づくことができる。

　二つ目が、顧客とのやり取りの中で気づくことである。顧客と接して感謝される体験で、仕事のやりがいを見つける。そして、より顧客に役立てるようにと意欲が引き出される。

　三つ目が、上司とのやり取りの中で気づくことである。上司との会話の中で、仕事の意義を知る。上司は普段から部下の仕事に目を配り、やりがいを感じられるところを探し、それを伝えるようにする。

　四つ目が、同僚との会話で気づくことである。なにげない会話の中で、顧客から感謝されたこと、仕事をしていて嬉しかったことなどを振り返り、仕事にやりがいがあることを発見する。

　上司が部下を見守り、その仕事のやりがいを探し、伝えることは、上司の「評価」項目に加えることもできるだろう。どれだけ部下に働きがいを感じてもらえたかが、上司にとっての「評価」になるわけである。だが、ほかの方法は、「人事制度」として採り入れることは難しく、普段の仕事の中で、意識して機会をつくることが必要になる。セミナーやワークショップなど特別な機会を設け、数人の同僚と普段の仕事について話し合いながら、嬉しかったこと、楽しかったこと、やりがい、働きがいを思い出し、整理していく方法もある。

　どんな仕事であっても、必ずやりがいを見つけることができる。全社的に見つけようという気運が生まれていけば、組織風土や組織文化も間違いなく変わっていくだろう。

・事例

研修で補強を
―― 見違えるように変わった会社

　「人事制度」の刷新など、新しい制度を採り入れた時、それを浸透させるのに効果的なのが研修である。組織風土や組織文化を変えたいと考えた時も、研修を繰り返し行うことで効果を上げることができる。

　ある会社は、1年以内に社員の半数が辞めてしまうという定着率の低さに悩んでいた。その会社へ初めて訪問した時、事務所内では「このやろう！」「バカやろう！」といった口汚い言葉で上司が部下を叱り飛ばす声が飛び交っていた。

　こんな殺伐とした環境では、すぐに辞めたくなるのも無理はない。そこで人を人とも思わない組織風土・組織文化を変えるべく提案したのが、マネジャーを対象にした研修だった。「優秀なマネジャー」とはどのようなマネジャーなのか――。そのテーマで繰り返し研修を行ったところ、さっそく効果が現れ始めた。

　コンサルティングを行う際、社長や役員など経営幹部ばかりでなく、キーマンと呼ばれる社員にインタビューする機会は多い。過去の経験を振り返り、出会ってきた多くの「優秀なマネジャー」たちを思い出してみると、彼ら彼女らは全く違う業種にもかかわらず、ある共通項が存在したのである。

　たとえば、「優秀なマネジャー」は部下に報告を強要しない。「報告しろ」とも言わない。なぜなら、言わなくとも自然に報告する

ような関係ができているためである。

　また、部下がミスをした時、「優秀なマネジャー」は「何をやっているんだ！」と怒鳴るようなことは決してしない。怒鳴ってしまえば、以後、部下は自分のミスはもちろん、何かまずい事態が持ち上がれば、必死に隠すようになるであろう。すると、隠すことで事態はますますこじれ、悪化の一途をたどっていく。

　「優秀なマネジャー」は、部下がミスをした時には、「言いづらいことをよく言ってくれた」と、ミスを肯定的に受け止める言葉をかける。部下のことをなんでも受け入れ、解決するためにともに汗をかく姿勢を示すことで、ミスに対しても、また、思わしくない事態に対しても、部下は進んでなんでも報告してくれるようになる。早目に手を打つことができ、事態は悪化することなく、仕事を再び軌道に乗せることができる。もちろん普段の仕事でも、進んでなんでも報告してくれるようになる。

　中国の春秋（しゅんじゅう）時代の哲学者・老子はリーダーを四つに分類している。第4位、つまり最悪なリーダーは、部下からバカにされるリーダーである。少しましな第3位が、恐れられるリーダー。第2位は、親しまれ、敬愛されるリーダー。そして最も良い第1位は、部下から存在を忘れられるリーダーだというのである。実際に、誰もが認める優秀な経営者からも同じような話を聞いたことがある。「自分は部下といる時は、気配を消すようにしている」と──。

　部下が、上司の存在を感じるだけでストレスを感じる。これではとても本音を語ることはない。本音を聞かずに問題を正確に把

握することはできないし、もちろん解決もあり得ない。自分は上司ではない、ここには上司などいない。そんな雰囲気を醸し出して初めて部下は本音を語り出す、というのである。

　数千年前のリーダー論と現在のリーダー論の共通点に驚きつつ、また、納得もした。部下の良い点も悪い点も、功績もミスも、全てを受け入れる——。そのような姿勢を持つ上司が、最も良いリーダーなのである。

　この会社でも、このようにあらゆる面から「優秀なリーダー」について、できるだけ具体的な事例を出しながら、繰り返し、マネジャークラスを対象に研修を5年ほど続けた。その結果、事務所に飛び交っていた罵詈雑言は全く聞かれなくなった。怒鳴り散らしていたマネジャーの一人は、見違えるように紳士的になり、「ウチの会社は将来性がある、人材の宝庫ですから」と語るまでになった。5年前には、部下にはもちろん、会社に対しても不平不満でいっぱいだった人物がである。

　それまで5割を切っていた定着率は、9割近くにまで上昇し、何より会社の売上が大きく上がった。業界20位以下だった会社は、いまでは5本の指に入るほどになった。
　全て研修の成果と言うつもりはないが、少なくともマネジャーのマインドを変えるのに貢献したことは間違いないであろう。無意識の世界であり、変えることが難しいと思われている組織文化や組織風土だが、5年という月日はかかったものの、変えること

ができたのである。

　時間はかかるかもしれないが、これからの取り組みを通して、会社は必ず変わっていく。社長をはじめ社員一同が、「変えることができた」と実感を持てたところで、弊社のコンサルティングは終了する。自信と意欲を得れば、後は自分たちでどんなことにでも取り組んでいける。弊社の仕事はこれで終了するが、我々にとっても最もやりがいを感じられる時である。

Chapter 3

人材マネジメント全体像／設計編

弊社のコンサルティングプロセスは、組織・人事コンサルティング業界で初めて、ISO：9001/2015（品質マネジメント）の国際認証を取得しています。

1. 現状分析

　実際に「人事制度」はどのように構築していくのであろうか。本章では、その設計について、順を追って説明していく。

　弊社が人事制度構築の依頼を受けた際には、以下の四つのプロセスで進めていく。

1．現状分析
2．概要設計
3．詳細設計
4．導入・運用

　最初が「1. 現状分析」――インタビューや資料分析によって、現状の「人事制度」を把握し、問題点や課題を明確にしていく過程である（図表3-1）。

〇あるべき人材像を念頭に現状分析を

　現状の人事制度やそのほかの関連諸制度そのものが、どのようになっているのか。その内容や傾向、また意図するところを知ることはもちろんだが、実際に意図通りに運用されているのか。あるいはされていないのか。そしてその結果、どのようなことが起きているのか――。会社は、そして社員は、どのような状態に置かれているのかを読み取り、問題点や課題を明確にしていく。

　この現状分析の中で、欠かせない視点がある。それは、これま

図表 3-1　現状分析の主な実施事項

実施方法
- インタビュー分析
- サーベイによる分析
- 資料分析

主な現状分析の実施領域
- **経営戦略・方針、事業戦略・方針**
  - 経営幹部と社員の認識ギャップ
- **要員分析**
  - 退職率
  - 等級別・職種別・年齢別要員の分布
  - 要員の経年変化
- **等級制度**
  - 等級の内容と齟齬
  - 昇格・昇進の制度上の課題
- **評価制度**
  - 評価分布（評価の甘辛やばらつき）
  - 評価ツールや評価項目の不具合
  - 面談の運用状況（評価面談・FB面談）
- **報酬分析**
  - …

で本書で、何度も繰り返し指摘してきたように、その会社の「あるべき人材像」を常に念頭に置いて調査、分析を行うことである。

「人事制度」は、会社の「あるべき人材像」——「企業理念」や「企業戦略」などの上位概念や各戦略の実現のためにある。現状の「人事制度」は、そのための機能を備えているのか、そして現実に運用がされているのか——。

おそらく、どこかに不十分なところがあると認識しているゆえに、弊社のような外部コンサルタントに見直しの依頼があるわけだが、「それではどこが、どのように、うまくいっていないのだ

ろうか」「認識している問題は、何によって引き起こされているのだろうか」「認識されている課題は、正しい本質的問題点により設定されているものだろうか」などを検証する。

　詳細にその原因を追究し、会社が抱えている問題点や課題を正確に突き止めていく。そして、次の段階の概要設計、詳細設計で、問題点や課題を解消する新しい人事制度をつくっていく。

　調査の主要な手段となるインタビューでは、社長を筆頭に、役員などの経営層、管理者層、一般社員に至るまで、あらゆる階層の社員をインタビュー対象とする。

○本質的な問題点や課題を洗い出す

　それぞれの階層の社員の方々に、「企業理念」や「経営理念」などの上位概念に関することから、各戦略や日々の業務の内容に至るまで、さまざまな角度から網羅的にインタビューを行い、その会社で発生していることを明白にしていく。そして、問題解決のフレームワークを意識して、収集した情報を整理し、本質的な問題点や課題を洗い出し、解決の方向性を導き出していくのである（図表3-2）。

　社長へのインタビューは、すでに前章で触れてきた通り、企業活動が「企業理念」と一致しているのか、組織のトップである社長が「企業理念」を、どの程度本気で、実現する気があるのかどうかなどを、把握するためのものでもある。役員や管理職、一般社員へのインタビューを併せて行うと、認識のギャップが明らかになるケースは多い。

　また、インタビューはより広範囲に実施する。たとえば、会社で「優秀な社員」と認められているキーパーソンへのインタビュー

図表3-2 問題解決のフレームワークと人事制度設計プロセスの関係性

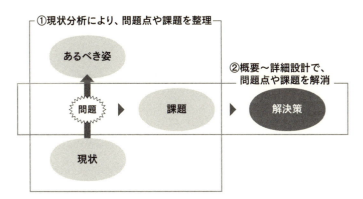

は欠かせない。なぜなら、のちに制度をつくる上で、その会社ではどのような社員を求めているのか、「あるべき人材像」のイメージを明確にするためである。

仕事の"第一線の状況"を把握するために、一般社員はもちろん、アルバイトやパートにも話を聞くことも珍しくない。

特に、店舗を運営する会社では、店舗で働く人たちは、店長などの管理職は正社員であっても、大部分がアルバイトやパートで占められていることは少なくない。その人たちが最もよく現場の仕事を知っており、調査対象として欠かせない存在だからである。

○あらゆる社内資料の分析

インタビューとともに、社内資料についても読み込み、調査を進めていく。社内資料の細かな分析はもちろんのこと、「基幹人事制度」を構成する制度の一つである「評価制度」の分析では、クライアント企業で用いている「評価シート」を構成する項目や

枠組みなども確認していく。そこから評価の要素や方法を知ることができる。

たとえば、「成果主義」を採り入れ、社員に精力的に売上貢献に向けて働いて欲しいと望んでいる会社であるにもかかわらず、現状の評価の要素や方法を見ると、横並びで歩調を合わせることや、会社への忠誠心を強く問う内容が、色濃く出るなど、「成果主義」の考え方との整合性を感じがたいケースもある。逆に、成果ばかりを評価対象にしようとして、それに至るまでの行動を軽視したり、社員が備えている潜在能力に関心を払っていなかったりすることが見受けられる場合もある。

いずれも組織が目指す方向——「企業理念」などの上位概念と照らし合わせて、現状とのギャップ（問題点や課題）を明らかにしていくようにする。

実際に社員に支払っている賃金のデータも、重要な資料となる。「人事制度」を構成する一つ「報酬制度」について、どこの会社でもよく見られる問題が「逆転現象」である。これは、等級が上位の社員よりも、下位の社員の報酬が高くなる現象である。

基本給は当然、等級が上位の社員のほうが高くなるのが一般的だが、管理職になると、残業代が一般社員のようには発生しない場合が多いために、総額報酬で逆転が起こり、社員のモチベーションを損なうことがある。

社員の賃金を等級ごとに整理し、平均値、最大値、最小値を出して、縦軸を報酬に、横軸を等級にしてグラフ化すれば、状況は一目瞭然となる（図表3-3）。

下位の等級の賃金の最大値と最小値の幅と、上位の等級の賃金の幅とに重なる部分があれば、逆転現象があるということである。

図表3-3 賃金の逆転現象

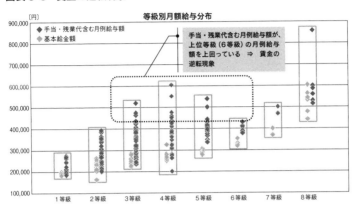

図表3-4 等級と年齢の相関関係

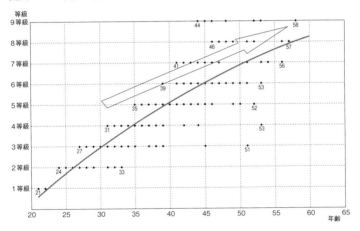

　これらのデータ分析は、グラフを活用するなど、データの可視化を図り、誰もが分かり、問題点があぶり出されるような工夫も必要になる。

データをグラフ化するなど「見える化」の効果は意外に大きい。グラフを見て、クライアント企業から、「ウチの会社って実はこうだったのか」と驚かれることは少なくない。

　同じように各等級に属している社員を年齢別に整理してグラフ化して、右肩上がり——正の相関関係の傾向が顕著ならば、その会社の報酬は「年功制」が強い可能性が高い（図表3-4）。

○初期仮説ミーティングで会社の実態を把握

　前述のように、評価シートを構成する項目や枠組みでも傾向は見て取れるが、それに加えて、報酬分布などのグラフでも「年功制」の傾向が明白であれば、会社の実態や本音が分かってくる。

　「年功制」が悪いわけではない。職人のような技術者であれば、経験を積めば積むほど習熟度が増し、技術が高くなるケースはあるだろう。技術力によって会社は業績を上げ、取引先をはじめ外部の会社からも会社の価値として、技術力を認められている。そしてそれを評価しようという方針で、意図的に「年功制」で運用しているのであれば、なんら問題はない。

　だが、「成果主義」を掲げ、「企業理念」でもそれをはっきりと謳っているにもかかわらず、現実の評価制度で「年功」「経験」重視の項目が多く見られたり、賃金と年齢との相関関係が強く出るのであれば、明らかにその会社の目指す「企業理念」と、現状とが乖離していることになる。

　弊社では「初期仮説ミーティング」を開いて、過去のコンサルティング経験を活かしながら、文字通りいろいろな仮説を立て、会社の実態を把握していく。

　たとえば、明確に評価制度は確立しているのだろうか——。確

立しているとすれば、運用の段階で、目標設定、評価面談、フィードバック面談などがきちんと行われているだろうか——。

どこの組織でも、評価者によって評価がバラつくことは珍しくないが、それがどの程度のバラつきなのか——。あるいは評価の傾向を部門別に整理した時、部門間での差はどの程度の大きさなのだろうか——。

昇降格にルールは存在するのだろうか——。また、そのルールが周知され、社員たちは認知・認識しているのだろうか——。

名ばかりの管理職はいないだろうか——。「管理監督者」は法律で定められており、それを守ることは当然のこととして、一方で「企業理念」実現のために、管理者はふさわしい活動や行動ができているのであろうか——。

このような、どこの会社でも見られる一般的な問題・課題を念頭に置くことはもちろん、クライアント企業独自の問題や課題も見逃さないよう、偏見なく事実を受け止めていくようにする。

グラフにするなど「見える化」の手段は非常に有効だが、それ以外にもベンチマーク——他社との比較で新たに見えてくることも多い。

たとえば、報酬の水準や組み立て方については、業界全体と比べてどのような状態にあるのか——。また、現在、報酬は同じ規模の競合他社と比較して高いのか、低いのか——。将来の業界動向を踏まえ、起こり得るだろう問題を整理・予測し比較をする。

- ベンチマーク分析の主なもの
  - 競合他社との比較
  - 同業界内での比較
  - 会社規模(同じくらいの)
  - 地域水準との比較（都道府県）
  - 全業界との比較

 これについても「企業理念」などの上位概念や戦略で、業界の平均以上の報酬水準を保ちたいのか、あるいは逆に抑えたいのか、会社の方針と照らし合わせながら、現状を把握していく。また一方では、業界全体や他社と比較しながら実態を調べることで、いろいろな問題点や課題も浮き彫りになっていく。

 通常、インタビューや資料調査には最低でも1カ月、会社の規模や職種の多さなどを加味すると2〜3カ月以上かかることもある。インタビューと資料調査を複合的かつさまざまな角度から網羅的に分析していくとなると、平均的には2カ月程度の時間は要するのが実情である。

現状分析、四つのポイント

 現状分析の段階で、弊社として心がけている四つのポイントがある。

1）客観的な視点での判断

 インタビュー内容や資料分析の情報を無批判に信じないことで

ある。これらの情報や意見は有効ではあるが、反面、誤っていたり、人によってバイアスがかかっている場合もある。

また、どうしても直近の問題に目が向きがちで、それを早期に解決したいという思いから、直近の問題に対して声が大きくなっている場合も少なくない。目の前の問題にとらわれず、俯瞰の視点を持ち、「企業理念」などの上位概念と、現状とのギャップがどういう状態であるのか、客観的に情報をチェックして検証する必要がある。

2）あるべき人材像の検証

「あるべき人材像」の検証を怠らないことである。会社には「企業理念」をはじめとする上位概念に始まり、各戦略や計画、そして人材マネジメントの領域には「あるべき人材像」が存在する。

この「あるべき人材像」だが、上位概念や各戦略からイメージできるもの、また、インタビュー調査の中でインタビュイーのコメントからイメージできるもの、またあるいは、現行の人事制度からイメージできるものなど、全てが首尾一貫していないことが多い。そのため、人事制度を通して発信されるメッセージが正しく伝わらない場合が多いのである。

現状分析では、どの「あるべき人材像」が正しい人材像なのか、またどのあたりで「あるべき人材像」が歪曲しているのかを明確にしていく。あらゆる角度から「あるべき人材像」を検証し、新しく構築される人事制度においては、「あるべき人材像」につながるメッセージを首尾一貫して発信できるようにするのである。

3）仮説を立て調査範囲を絞る

　網羅性を考えつつ調査範囲を絞ることである。調査をしていると、途中、疑問が生じて別の分野の調査が必要になる場合がある。疑問が生じれば、必ず「初期仮説ミーティング」の場で議題として提案し、議論して、なんらかの仮説（疑問に対する仮の答え）を立てる。そしてその仮説が、すでに立ててきた仮説よりも検証する必要性・重要性が高いと判断できれば、検証する調査に入る。「何を検証するための調査であるか」「発見できる問題や導き出せる課題は何か」といった仮説なしで、また優先順位の判断なしで、新たな調査を始めても、膨大な調査対象や領域に埋没し適切な分析が行えない、あるいはいつまでも現状分析が終わらない場合も少なくない。

　現状分析の調査範囲は広範囲に及ぶ。一方でプロジェクトの期間には限りがある。その中で最大の成果を上げるように調査するためには、仮説を立て、網羅性を考えつつ調査範囲を絞って行う必要がある（図表3-5）。

4）プロジェクト範囲外の問題点や課題の整理

　現状分析を通して明らかになった、プロジェクト範囲外の問題点や課題も整理することである。実際に現状分析を進めれば、人事制度構築以外（プロジェクト範囲外）の問題点や課題も必ず出てくる。これらの問題点や課題も、"次の成長への布石"として整理しておく必要がある。

　"次の成長への布石"とはどういうことかというと、単に次に解決するべき問題点や課題、また変革・改革のテーマというわけで

図表 3-5　現状分析における調査対象領域：例

【領域】	【内容】	【問題】	【課題】	【解決の方向性】
戦略	・あるべき姿や戦略に関する事項のまとめ			
組織	・組織に関する事項のまとめ ①組織の縦関係 ②組織の横関係ごとに整理			
仕組み	・仕組みに関する事項のまとめ ①制度（等級・評価・報酬、育成体系、福利厚生） ②規程 ③ルール（運用・業務遂行に関するルールなど）	インタビュー及び資料分析により、それぞれの領域及び項目に関する"あるべき姿"と"現状"を明確にし、ギャップとなる問題を洗い出す		
人材	・人材に関する事項のまとめ ①量的側面：要員数（HC） ②質的側面：人材レベル ③分布：分布の偏り、年齢構成など			
スキル・技能・技術	・スキルに関する事項のまとめ ①資格 ②ノウハウ・ナレッジ			
風土・価値観	・風土・価値観に関する事項のまとめ ①組織風土：図らずも組織が持っているもの ②価値観　：会社が求める価値観			

はない。現状分析を通して整理された、プロジェクト範囲外の問題点や課題は、あくまで人事制度構築プロジェクトの現状分析から明らかになった問題点と課題である。

つまり、それらの問題点や課題は、人事制度構築プロジェクトに直結しないまでも、遠からぬところにある問題点や課題であるということである。したがって、人事制度構築には直結しないが、人事制度の運用には直結してくる場合があるのである。

○求められる人事の事務内容の再定義

たとえば、人事部門や人事担当者の業務内容。初めて人事制度を構築し、導入する会社において、人事部門や人事担当者の業務内容は、労務管理や給与計算などに偏りがちである。つまり人事

企画機能が担えていない場合がある。この場合、人事部門や人事担当者の業務内容を再定義しなければ、人事制度を導入したところで運用がついてこない可能性がある。そうなると新たに人事担当を採用するのか、給与計算や労務手続などは外部にアウトソースするのかなどを、検討する必要があると言えるであろう。

またさらに、離職率が高く、離職率を抑制することを目的に人事制度を構築した会社があるとする。人事制度は導入してもすぐに効果は出ない。運用して初めて、少しずつ効果が出てくるものである。つまり、ある一定期間は、離職率は下がらないわけである。そのような中、人事制度の説明会や評価者のトレーニングなど、人事制度の運用に関する施策を行っても、その端から社員が辞め、"自社の人事制度"や"自社の評価者としてのあり方"を知らない人が入社してくるわけである。この場合、導入当初はかなり力を入れて、粘り強く、運用施策を打っていく必要があると言える。また、人事制度を構築し、効果的に運用していく上では、人事部門や人事担当者の業務内容を定義し、これらの運用課題にも対処する必要があると言える。

2. 概要設計

概要設計では、現状分析で抽出した問題点や課題、また「あるべき人材像」を踏まえた上で、人事制度の骨子を策定し、人事制度の方向性や認識をすり合わせていく。

○効果的かつ機能的な人事制度を

現状分析によって、会社の問題点や課題を把握した。つまり、この段階で、「企業理念」など上位概念と、現状の「人事制度」との間になんらかのギャップがあったり、各制度がうまく整合せずに、矛盾があることなどを明らかにすることができた。

次の段階で取り組むのが、「人事制度」の概要設計である。概要設計では、明らかになった問題点や課題を解消する方向性、また会社における「人事制度」のあり方などの大枠を構築していく。

上位概念、戦略、計画が矛盾なく整合性の取れたものになって、初めて効果的で現実に機能する「人事制度」をつくり上げることができる。必要であれば、「企業理念」からつくり直す（再整理する）など、上位概念から見直していく場合もある。

上位概念や戦略とリンクし、少しでも多くの社員にとって、心から納得できる「人事制度」を構築するためには、オリジナリティも重要な要素になってくるのである。

弊社は、これまで多くの会社のコンサルティングに関わってきた。そのため、モデルとなりそうな「人事制度」についての情報も数多く備えている。業界業種が同じならば、あるいは会社の規模が同程度ならば、すぐに参考になりそうな「人事制度」を弊社の過去の実績や事例から見つけることはできる。だが、安易にそれらに当てはめるようなことはしない。

なぜなら、何度も触れてきたように、「企業理念」などの上位概念、戦略、計画を実現する上で、最もふさわしい「人事制度」が企業活動を最大限に活性化させるからである。そのため弊社の実績や事例はあくまで参考にとどめ、自社の上位概念や戦略に

沿ったオリジナリティのある「人事制度」を検討すべきである。

概要設計でこそ、上位概念や戦略から「人事制度」の自社におけるあり方を整理し、オリジナリティを追求する必要があるのである。

3. 詳細設計

概要設計の後は詳細設計に入る。

「基幹人事制度」は、「等級制度」「評価制度」「報酬制度」の三つの制度からなるが、中でも最も根幹となる制度が「等級制度」である。「等級制度」なくして、「人事制度」や「人材マネジメント」は成り立たないと言っても過言ではない。

会社の「あるべき人材像」に沿って、社員の役割や責任、また職務などを明確にしたものが等級定義である。等級定義は、図表

図表3-6　等級定義の展開

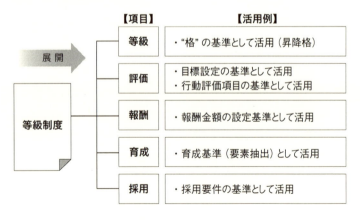

3-6に示す通り、五つの領域に展開して活用することが可能であるとともに、また逆に五つの領域への展開を前提に設計していく必要があると言える。

以下にて等級定義の活用を解説する。

○等級定義の活用

1）等級での活用

"格"の基準として活用する。一つ上の等級に上がるためには、どのような役割と責任を発揮しなければならないのか、昇降格の判断基準として活用する。

2）評価での活用

目標設定の基準、あるいは行動評価項目を設定する際の基準として活用する。目標を設定する際に、役割や責任、また職務に対して、妥当な目標の難易度を設定するための基準として活用する。あるいは、社員が役割を担い責任を発揮するため、社員に求める「行動」を評価する際の項目づくりの要素抽出のために活用する。

3）報酬での活用

報酬金額の設定基準として活用する。報酬金額は、役割や責任、また職務の違いによって定めるが、その際の基準として活用する。

4）育成での活用

育成のための要素抽出に活用する。研修プログラムを設計する際に、新人社員ならば新人社員向けのプログラムを、管理職ならば管理職向けのプログラムを、それぞれの等級から育成要素を抽

出するために活用する。

5) 採用での活用

採用基準や人材要件を決定するために活用する。新卒人材・中途人材を募集する際に、会社がどのような人材を求めているのか——、どのようなスペックの人材が必要なのか——、求めている人物像を明らかにし、求職者にも明示するために活用する。

この等級定義を含む「等級定義」はどのようにつくられていくのだろうか。「等級定義」は五つのプロセスを経てつくっていく(図表3-7)。

図表3-7 「等級制度」策定のための5ステップ

	ステップ1	ステップ2	ステップ3	ステップ4	ステップ5
	\multicolumn{3}{c}{フレームの設計}	等級定義の要素の確定	等級制度の運用設計
	(社員区分・雇用区分の設定)	(職種区分他の設定)	(等級数[階層数]の設計)	(等級定義イメージ)	
【検討内容】	・社員区分 ・雇用区分	・職種の検討 ・役職区分の検討 ・等級区分の検討	・等級制度 ・等級数 ・等級フレーム	・等級定義の要素抽出 ・等級定義	・キャリアパス ・昇降格

○等級制度策定のための5ステップ

ステップ1：フレームの設計（社員区分・雇用区分の設定）

まず、自社の社員のカテゴリー分けを行う。社内には、正社員・非正規社員（無期・有期契約社員、再雇用社員、嘱託社員、パート・アルバイト）など、多くの雇用関係にある社員が存在する。

特に非正規社員の領域は、会社によって呼び名が異なったり、区分そのものが曖昧なケースが多い。昨今、労働力人口の減少を補完するために、非正規社員の戦力化を見据えた法制度の整備（有期社員の無期化や同一労働・同一賃金）が求められているが、社員区分、雇用区分の整理は制度設計においても必須である。区分を明確にしておけば、各制度や基準、ルールの適用範囲を定義することも容易になる。

ステップ2：フレームの設計（職種及び区分の設定）

「企業理念」からブレイクダウンされる形で「経営理念」、そして「企業戦略」「事業戦略」「機能別戦略」の各戦略が定まり、組織形態が決まり、成すべき仕事の内容が具体化する。

仕事は専門領域など分野別に分かれるので、それに応じて部署ができ、それぞれの部署が担う仕事が定まる。さらに、部署内で社員一人ひとりが成すべき仕事が具体化する。そして、それらの仕事を果たしていくために、どのような能力を備え、どのような責任や権限を持たせるかが決まるのである。

全社的な「あるべき人材像」に合致した、また合致しそうな人材を採用し、等級ごとに定義された職務要件や役割などに沿って、人材を育成していくのである。

大きな方向性としては会社で同じである「あるべき人材像」も、部署や職種によって職務要件や役割が変わり、求められる知識やスキルが変わるため、人材要件も変わる。営業部門や管理部門、メーカーなどでは製造を担う職種、技術や開発に関わる職種、あるいは企画専門の職種も考えられ、人材要件も異なるであろう。
　それぞれ異なる職務要件や役割を念頭に、どれほどの職種を想定するのか──、この段階でその大枠を決めていく。

　職種を定めた後は、役職を当てはめていくのである。役職とは、本部長・部長・次長・課長などの社内における責任・権限を持った役目のことを指す（図表3-8）。この役職だが、大きく二つに分けることができる。それは管理職と非管理職である。一般的に、どのような組織でも共通して必要になるのが管理職。管理監督者である。この管理監督者は、法令で大きく以下の3点で定義されている。

　①経営者と一体的な立場で職務を遂行する
　②出退勤を自分で決められる
　③ふさわしい待遇がなされている

　これらを満たさない管理監督者は、「名ばかり管理職」と呼ばれ違法と見なされる。「名ばかり管理職」にならないよう、法令を守ることは当然のこととして、一方で「企業理念」を実現するための"求める管理監督者"であるために、管理職はどの等級以上にするのか、あるいは等級によらずに決めるのか、この段階で定義する。

図表3-8 等級と役職の違い

	定義	根拠となる基準
等級	社内における社員自身の格付けを示すもの	社内の等級制度により格付け
役職	社内における責任・権限の重さの違いを示すもの	組織毎に設定される組織の意思決定を担う責任者（組織に連動）

※役職等級制度／職位等級制度の場合には、等級＝役職となる。

次に等級区分を決める。

等級区分には大きく分けて、職務制度、職能制度、職位制度、役割制度、成果制度の5種類がある（図表3-9）。

図表3-9 代表的な5種類の等級区分

定義要素	基準・定義	概要
職務制度	・基準：職務（仕事：ジョブ） ・職務の内容を「職務記述書」として明確にし、その内容により等級を区分する制度（職務を分析・評価する）	・担っている職務に応じて処遇され、職務内容が変化することで等級・報酬が変わる仕組み ・職務が変わらない等級・報酬の下落は原則的にない ・職務の難易度はポイント化して測定する
職能制度	・基準：職能（業務遂行能力） ・対象者に求められる職務遂行能力を明確にして、その能力に応じて等級を定める制度	・職能の向上に伴い、等級・報酬が上昇 ・職能の低下は考えにくいため、等級・報酬の下落は原則的にない ・同じ業務を行っていた場合であっても、習熟度が上がることによる昇給もある
職位制度	・基準：職位（ポジション） ・部長・課長等の組織の地位（職位）をいくつかの階層に分けて等級とする制度	・職位が上がれば等級・報酬が上昇し、職位が下がれば等級・報酬が下がる仕組み ・職位が変わらない限り昇降給はない
役割制度	・基準：役割（期待役割：ロール） ・対象者が果たすべき役割を定義し、区分する制度（主に影響度〈責任・権限の範囲〉の大きさに応じて役割を定義、その相違により等級を区分）	・担う役割の内容が大きく変化した場合に、等級・報酬が変化する仕組み ・同じ役割の中で、役割を果たせた程度に応じて、昇降給がある
成果制度	・基準：成果（アウトプット） ・対象者が上げた成果についてその内容などに応じて等級・報酬を定める制度	・成果（結果）が大きく変化し、成果の等級範囲を超える（下回る）場合に等級・報酬が変化する仕組み ・成果＝業績として運用されるケースもある ・プロジェクト型の仕事、営業、開発、経営者などに適用される傾向がある

《職務制度》

「職務制度」では担っている職務に応じて等級が区分される。職務内容によって等級が定められ、それに応じて報酬が決まる。職務が変わらない限り、昇降格はない。職務制度は、グローバル展開する会社で採用されていることが多い。職責の重さ、仕事の難易度などによりポイント化して職務を換算し、各ポジションの重さを相対的に明確にした上で、そのポイントを報酬に反映する方法である。グローバル企業は、現地で人材を採用したり、本社から各国へ人材が送り込まれたり、人材マネジメントも複雑になりがちである。世界のどこにいても、職務の内容が職務記述書（ジョブディスクリプション）で定められ、報酬も決まるのであれば不公平感は小さくできる。

《職能制度》

能力に応じて等級を分けるのが「職能制度」である。経験を積めば積むほど能力が高くなる製造現場の技術者、いわゆる職人たちを評価するような年功制と両立する形で、多くの日本企業で採り入れられてきた。ところが、勤続年数が少なくても成果を上げる人材が評価されにくいなど、中途採用が一般的になったいまでは、真に人材を活かすには難しい制度になりつつある。

《職位制度》

ポスト（役職）の大きさによって、等級や報酬が決まるのが「職位制度」である。組織内の部長・課長などの地位により階層を分けて等級を定めていく。職位制度は、職位に応じて処遇ができるため、社員から理解はされやすいが、職位を外れると報酬が大き

く下がるため、モチベーションの低下を招く。また、モチベーション低下によって、職位を外れると退職してしまう者も多いため、結果的に職位を外すことができず、人材が組織内流動せず硬直化を招いてしまう可能性がある。

《役割制度》

　役割、責任、権限に応じて等級を決めるのが「役割制度」である。会社が果たすべき役割を定義して、それに対する責任や権限の範囲の大きさに応じて等級を定めていく。役割制度は「企業理念」をはじめとする上位概念や各戦略と関連づけやすい。また「職務制度」や「職能制度」では職務や能力は固定的になり、いったん構築すると変えることが難しくなるのに対し、「役割制度」は、経営方針の変更に応じて、柔軟に変更できるメリットがある。

　たとえば、中期事業計画や単年度の計画が策定されるごとに、各等級の役割を、業績の視点、顧客の視点、業務の視点、育成と成長の視点の、四つの視点で定義し直すようにする。このように、役割制度は経営環境の変化が激しい現在、最も望ましい等級制度であり、弊社でも推奨する機会は多く、実際、多数の会社で採用されている。

《成果制度》

　成果（アウトプット）の濃淡に応じて等級・報酬を決めるのが、「成果制度」である。成果が大きく変化し、等級に設定されている範囲を超えると（下回る場合も）、等級と報酬が変化する仕組みである。環境変化が激しい事業や成果を強く求める仕事においては非常に高い動機づけができるが、成果のみに焦点が当たるた

め、チームワークや人材育成がないがしろになるケースが多い。

ステップ３：フレームの設計（等級数［階層数］の設計）

等級数を大きく分けるのか、それとも小さく細かく分けるのかも検討する。どちらもメリットとデメリットがある（図表3-10）。

大きく分けるメリットは、制度の運用が簡便になることであろう。等級数が少なければ、各等級の定義も少なく、また、社員が昇格する頻度もそれほどではないため、昇格に伴う事務手続きなどの負担は小さい。

図表3-10　等級の分け方によるメリットとデメリット

等級数	メリット	デメリット
大きく分ける	・制度の運用が簡便 ・昇降格に伴う事務手続きなどの負担が小さい	・同じ等級で能力、経験、実績、役割、責任などの幅が大きくなる ・報酬も同じ（また近い）であれば、不満を持たれ、モチベーションの低下を招きやすい
小さく細かく分ける	・昇格する機会が多く、モチベーションが向上する	・運用が煩雑になり、昇降格に伴う事務手続きの負担も増える

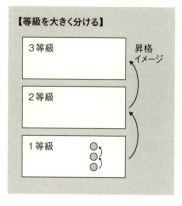

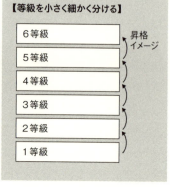

だが、デメリットとしては、同じ等級にもかかわらず、能力、経験、実績、役割、責任などの幅が大きくなってしまうことがあげられる。そのため実績も責任も明らかに違うのに、等級は同じで報酬も同じ（また近い）であれば、不満を持たれる原因となる。そのためモチベーションの低下を招きやすい。

　小さく細かく分けるメリットとデメリットは、大きく分ける方の裏返しの関係にある。等級が小さく細かく区切られていれば、昇格する機会は多くなり、それがモチベーションの向上に結びつく。

　また、一つの等級に属する社員の能力、役割、責任などを同じレベルにしやすく、不公平感も減らすことができる。だが、等級区分が細かい分、メンテナンスが煩雑になる。始終あちこちの部署で昇降格者が現れ、そのたびに事務作業が発生してしまう。さらに等級の定義を定めるにも手間がかかる（また場合により、違いが分かりにくくなる）。特に「役割制度」の場合、戦略や計画が変わるごとに、理論上は各等級の定義も変える必要があるため、人事部門の手間はより大きくなってしまう。一方で社員にとっては、等級区分は細かいほうが変化を感じやすく望ましいと言える。

ステップ４：等級定義の要素の確定（等級定義イメージ）

　すでにここまでの過程で、「職務制度」「職能制度」「職位制度」「役割制度」「成果制度」のいずれを用いるのかが決まり、等級は会社共通の一本にするのか、職種別に分けるのかも決め、等級数も定まっている。つまり、大枠はできているので、後は一つひとつの等級区分ごとに等級の定義を具体的に定めていけば良い。定

図表3-11　等級のレベル（イメージ）

【等級】	【業務レベル】		【期待されている役割や責任】
8等級	事業責任者		・事業部の最終責任を担えるレベル ・経営計画、全社戦略に基づき部門の中長期戦略の策定及び目標達成のための実行計画を作成し、実行する ・社会全体から見ても、先進的なサービスの開拓や事業化をリードした経験と実績を有しており、世界で通用するプレーヤーとして認められる
7等級		機能責任者	・部の最終責任を担えるレベル ・上位目標に基づいた担当機能における目標策定及び目標達成のための実行計画を作成し、実行する ・社内だけではなく、社会に通じるプロフェッショナルとして経験と実績を有しており、国内のハイエンドプレーヤーとして認められる
6等級			実行責任者 ・課の最終責任を担えるレベル ・担当する機能の目標の達成状況を管理し、構成員を動機づけながら達成する ・担当機能において部下が対処できない例外、突発的な事項の対処を行う ・社内において、自他ともに経験と実績を有しており、社内のハイエンドプレーヤーとして認められる
5等級	シニアメンバー（指導層）		・チームで担当する業務について、自己の裁量の範囲内で一定の責任を持つ。業務の進捗や問題点を上長に報告するとともに、顧客先からの情報収集や関係強化を行う ・上位者を補佐し、下位者の指導、育成を担う ・社内において、経験の知識化とその応用（後進育成）に貢献しており、社内でハイレベルのプレーヤーとして認知される
4等級	メンバー（一人前）		・要求された作業を全て独力で遂行する ・プロフェッショナルとなるために必要な応用的知識・技能を有する ・各チームにおける中核的なプレーヤーとして、上位者から指示がなくとも、自身の責任と権限の中において、必要な判断をし、会社及び事業部に貢献する
3等級	ジュニアメンバー（半人前＋α）		・上位者の包括的な指導のもとに、要求された作業を担当する ・プロフェッショナルとなるために必要な基本的知識・技能を有する ・スキル開発においては、自らのキャリアパス実現に向けて積極的なスキルの研鑽が求められる
2等級	ジュニアメンバー（半人前）		・上位者の具体的な判断を要し、かつ業務遂行に必要な判断を自律的に下し業務遂行する役割を担う ・担当業務に携わる最低限必要な基礎知識を有する ・スキル開発においては、自らのキャリアパス実現に向けて積極的なスキルの研鑽が求められる
1等級	フレッシュマン（新人）		・上位者の個別具体的な判断を要し、かつ業務遂行に必要な判断を要しない業務遂行を担う ・ビジネスプレーヤーとして基礎固めの期間として、定型性が高い業務、事前予見性が高い業務などを、上位者から具体的な指示を受けて実行する ・担当業務に携わる最低限必要な基礎知識を有する

めた等級定義は、等級定義書として必ず文書化する（図表3-11）。

等級定義の三つの意義

　ここでも基本的な考え方は同じである。会社にとって「あるべき人材像」――「企業理念」から始まる上位概念や各戦略を実現するために、社員はどのような役割を担うのか、責任を負うのか。1等級、2等級、3等級……に分かれて、それぞれの等級の役割

と責任を定義していく。等級定義もまた、会社の「あるべき人材像」と結びついていなければならない。結びついてこそ、「企業理念」の実現に近づいていけるのである。

等級定義には三つの意義が考えられる。一つは、等級定義は、会社からの期待メッセージであるということ。このような役割を担って欲しい、このような人材になって欲しいという会社からのメッセージが込められている。二つ目は、管理職にとっての部下の指導指針になるということ。昇格したいと考えている部下がいれば、一つ上の等級の等級定義を示し、この通りにできれば実現すると指導することができる。極めて明確・明快である。三つ目が、一般社員にとっての行動目標になるということ。一つ上の等級定義を念頭に、自分の仕事に向かうことで、自らの成長を促進し、会社の業績向上につながる。

このように等級定義は非常に重要なのだが、多くの会社の実情を見ると一般社員をはじめとして管理職ですら、等級定義(またその内容)を気にもかけていない場合が少なくない。社員が昇格したいと望んでいる。また、会社にはしっかりした等級定義書も存在する。だが、その存在を知らなかったり、読んだことがないために、どこに力を入れて日々の仕事をして良いのか分からず、空回りしている。このような状況が発生していたりするのである。一般社員、管理職、人事部門、誰にとっても指標にできる等級定義書を作成し、社内で有効に活用していくべきと言えるであろう。

ステップ5：等級制度の運用設計

等級定義を定めた後は、キャリアパスと昇降格のルールをつくっていく。昇降格はどこの会社でもブラックボックスになりが

ちな部分であるが、ここを明文化し、どうすれば昇格できるのか、降格をせずに済むのかを明らかにすれば、社員の自律的な行動を促し、社員のモチベーションを上げることが可能になる。社員にとって理解しやすい、明確な基準となるように運用していくのである（図表3-12）。

すでにこの段階までに、等級定義は定まっているので、昇降格のルールもそれをもとに定めていく。まず、昇降格の判定機関を明確に設定する。最も一般的なのが上司との面談だが、ほかにも昇降格会議を設けたり、評価調整会議を設定するなどの方法がある。同時に、昇降格をどのような頻度で行うかも決める。四半期に一度なのか、半期なのか、それとも通期を通して一度にするのか。社員のパフォーマンスを測る、また判断するための十分な時間・期間を検討して決定する。そして、昇降格のエスカレーションのルールを設計する。エスカレーションのルールとは、昇格要

図表3-12　昇降格のエスカレーションルールの設計

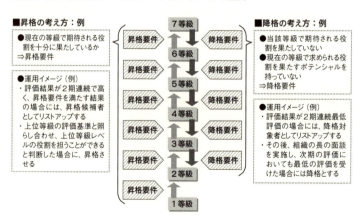

件を満たした社員、また降格要件を満たした社員を、そのまま上げ下げするのか。またはいったんノミネートという形で保留し、前述した判定機関、つまり上司との面談や昇降格会議、評価調整会議などで最終決定するのかを決めるのである。

各等級の昇降格する要件の決定

次に、各等級について、昇降格する要件を決める。

たとえば、1等級の新入社員が2等級になるにはどうすれば良いのか。2等級で定められた等級定義の要件のうちのいくつかを満たしている、あるいはそれに近い要件で「●評価を■回取れば昇格する」「評価点が●点以上、かつ◆◆◆資格を有する」など、具体的に決めておく。具体的に決めておけば、上司によって評価に差が生まれ、昇降格の結果が大きく変わるなどの人為的なエラーを回避することができる。もちろん、昇格の要件として、上司の推薦や面談（上司面談・人事面談・役員面談など）を必要とするルールも考えられる。

管理職として昇格を期待されている社員には、昇格の要件として、属している部署の課題や解決方法について、レポートの提出やプレゼンテーションを求める会社もある。これは分析力や解決のための実践力を測るためである。

降格も同様に明確な基準を定める。最低の▲評価を取れば直ちに降格するのか、それとも▲評価が2回続けば降格するのかなど、はっきりとルールを定める（図表3-13）。

降格時、あるいは昇格が期待されたがかなわなかったような時は、その理由をきちんと説明する。何が理由で降格したのか。何が不足して昇格できなかったのか。どちらも落胆は避けられない

図表3-13 昇格基準：例

雇用区分	役割階層	等級	昇格ノミネート条件	推薦者	最終判断
正社員	管理監督者	7等級	▼昇格 ・直近2回の評価 ⇒「S+S」or「S+A」or「A+S」 ▼降格 ・2年間内の評価 ⇒「C+D」or「D+C」or「D+D」	代表取締役社長 社長	昇降格審査会議
		6等級			
		5等級			
	育成・指導層	4等級			
	一般層	3等級	▼昇格 ・2年間内の評価 ⇒標準評価「B」以上×2回連続 ▼降格 ・直近2回の評価 ⇒「C+D」or「D+C」or「D+D」	部長 (5等級以下は、将来的には課長)	
		2等級			
		1等級			

が、課題や改善方法が明確になれば、成長していく意欲を持ち続けられるはずであろう。

　昇降格の基準は、誰にとっても誤解のないよう、曖昧さを排除して定め、必ず社員に公開する。決してブラックボックスにせず、誰にとっても、毎日の仕事の励みや糧にできるようにすることが重要である。

　次は評価制度の構築である。「評価制度」は以下の4ステップで進めていく（図表3-14）。

図表 3-14 「評価制度」策定のための4ステップ

○評価制度策定のための4ステップ

ステップ1：評価体系の設計

　ひと口に評価といっても、評価の対象となる要素は大きく三つに分けられる。

　一つは"成果"である。売上を上げた、利益を出した、取引を成立させた、何かを開発・企画したなど。業績そのもの、または業績に直結するものなど、目に見える形で会社に貢献したものを指し、アウトプットとして表現できるものである。もう一つは"プロセス"である。成果——アウトプットに至るまでの、行動や過程での取り組みである。売上を上げるために顧客を何件か訪問した、あるいは、そのために名簿を整理した、企画のために調査を行った、企画書にまとめた、プレゼンを行ったなどである。これらは可視化されていない場合が多いため、この"プロセス"が非常に重要な評価指標になる場合は、目標管理やコンピテンシー評価、また360°（多面）評価など、評価の手法も検討する必要がある。

図表3-15 評価手法とその評価要素：例

手法	要素
目標管理（MBO）	成果・行動
行動評価	行動・行為
コンピテンシー評価	行動特性
360°（多面）評価	行動・能力
能力評価	保持能力・発揮能力

最後は"能力"である。これらの仕事を遂行するための基本的な能力や知識、スキルなどのことを指す。講習会を受けて、ある分野の知識を得た、特別なスキルを身につけた、資格を取ったなどのことである。場合によっては人材としての資質（行動特性や性格、人間性など）も評価の対象となる（図表3-15）。

どの評価対象を選ぶべきか

この三つの評価対象である"成果""プロセス""能力"のうち、どの要素を選ぶのか。あるいは三つのバランスをどのように取るのか。成果を重視する会社もあれば、行動や人間性も評価の対象としている会社もある。また一般的には、等級が上がるほど"成果"を重視し、等級が低いほど、"プロセス"や"能力"のウェイトを大きくする傾向もある。つまり、新人社員にいきなり"成果"を求めるのではなく、"プロセス"や"能力"を見ながら、ふさわしいキャリアを、時間をかけて身につけさせる。初めは"プロセス"や"能力"を評価することで、将来、"成果"を創出できる人材の育成を図るわけである。ここでもまた会社の「あるべき人材像」――「企業理念」と照らし合わせて、各等級で求める評価要素を設定し、それぞれのウェイトを定めるようにする。

ステップ２：仕組みの設計

次は、ここまで定めてきたことを、「仕組み」として形にしていく。仕組みの設計である。具体的には評価シート（図表3-16）などのツールとしてまとめることを指す。

《評価シート》

「評価シート」は、その名の通り、評価時に用いる記入シートであり、評価の項目やそれぞれの評価項目の指標などが記述されているため、目標を設定する際や評価を行う際の目安として活用する。等級ごと職種ごとに、社員が達成すべき目標の内容が具体的に記され、何をどう評価するのか、評価要素やそのウェイトなども明確にする。上位の等級ほど成果を重視し、下位ほど行動や能力に評価のウェイトを置く方針を取るならば、この「評価シート」でもそれを明示しておく。

実際に「評価シート」を用いて評価を進めていく上で、重要になるのが評点である。よく用いられるのが5段階評価である。3を標準として、それよりも達成度が高ければ4、さらに上ならば5。逆に標準よりも達成度が低ければ2、1のように点数化していく（図表3-17）。

ここまでで、評価要素を決めることに始まり、各評価要素"成果""プロセス""能力"のウェイトを各等級に定め、評価シートなどに記述し、評価が分かりやすく運用できるように仕組みにしてきた。評価のブレを減らすために要素を明確に定義し、評価シートに記述するなどの仕組みにしてきたのであるが、この評点の段階で、大きくブレることは珍しくない。なぜなら、評価者によって、

図表3-16 「評価シート」のイメージ

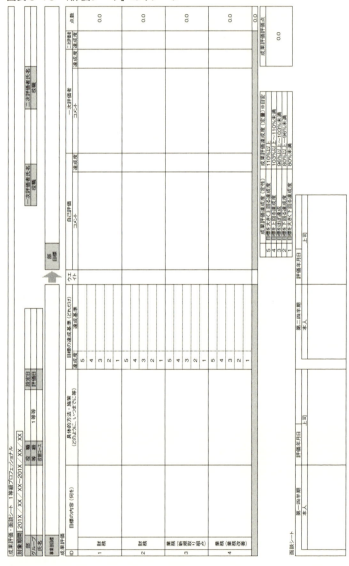

116　人材マネジメント全体像／設計編

図表3-17　達成度の5段階イメージ：例

【評点】	【評価基準】	【評価の目安】
5	・期待を大きく上回った	【どのような状況下においても常に当該ランクの期待を超えるレベル】 ・期待される行動を常に（どのような状況においても）遂行できている ・上位ランクへの昇格を推奨できるレベル
4	・期待を上回った	【当該ランクの期待を超えるレベル】 ・期待される行動を通常の状況において遂行できている ・当該ランクの期待を超えたレベルでの行動が発揮されている
3	・期待を満たした	【当該ランクで期待されるレベル】 ・期待される行動を通常の状況においては、概ね遂行できている ・上位者が一定の安心感を持って見ていられるレベルでの行動を実行している
2	・期待を下回った	【上司の指示・指導が必要となるレベル】 ・期待される行動を遂行できない場合が多い ・業務遂行上問題があると判断され、上司の指示・指導が必要となってしまう行動が多い状態
1	・期待を全く満たしていない	【期待されるランクの仕事を任せられないレベル】 ・期待される行動を通常の状況において、全く遂行できていない ・現状のレベルでは、降格対象と判断される

どの評点をつけるかで、結果が大きく変わってしまうからである。ある仕事について、100％達成できれば5、80％ならば4。このように仕事の達成度合いを数値化してあらかじめ評点に当てはめるなど、可能な限り詳細に定めることが望ましい。それでも評価者同士を比較すると、評点のつけ方にバラつきは残るため、研修（評価者トレーニング）などを実施し、評価の目線を揃えるようにする。

また、上司と部下の評価に対する認識の違いを明文化して、改善する方法として、部下が自己評価をした後に上司が評価を行う方法がある。往々にして、上司と部下の間で目標や実績に対し、認識の違いが発生していることが多く、部下から評価に対する不満や不信感を持たれることも少なくない。それらを払拭するべく、上司との認識の違いを確認・調整し、改善を行うために、自己評価・上司評価を行うのである。自己評価は、評価項目に対する社員の自己認識を明確にする上で有効なものになる。また自己評価によって自己の認識と上司の認識の差が明確に分かるようになり、その差分にフォーカスした上司と部下のすり合わせができるようになる。結果として改善課題が明確になるメリットがある。

　評価は多階層の上司が担う場合が多く、一次評価者は、一般的に直属の上司が行う。直属の上司は、現場や部下の業務を見ているため、妥当性のある評価を行うことができる。二次評価者は、一次評価者のさらに上の上司で、部長など、複数の課（チームなど）を抱えているほうが望ましい。複数の課（チームなど）を抱えていることで、部署間の比較や、一次評価者の評価エラーを取り除き、客観的に評価をすることができるからである。

　評価サイクルの決定もまた重要である。どのような時期に目標設定をし、いつ評価面談を行うのか。必要ならばその間に中間面談を行ったり、FB（フィードバック）面談を行うことも求められるだろう。それらも含めてあらかじめスケジュールを決めておく。この評価サイクルもまた、「企業理念」などの上位概念、各戦略、計画などを加味して決定していくことになる。事業のトレンドが目まぐるしく変化する場合は、四半期などの比較的短期的

なサイクルが望ましいと考えられる。つまり、目標設定や評価を、市場の動きに合わせた短いサイクルにする。また一般的な半期予算・通年予算で運営される会社であれば、半期評価や通期評価を行う。またあるいは、短期間のトレンドや流行に左右されない業界や中長期的視点で業務を行う研究開発職などは、複数年にまたがる評価サイクルを検討することもある。

確定後評価か見込み評価か

ほかにも、評価にあたっては、どの時点で評価を"締める"のかが議論になる。つまり、確定後評価にするのか、それとも見込み評価にするのかを検討する必要がある（図表3-18）。

期を締めた後に評価するのが確定後評価である。文字通り仕事の成果は確定しているので、正しく評価できるメリットがある。たとえば、営業に携わる社員にとっては、期末ギリギリまで頑張った成果がそのまま評価に反映されることになる。会社にとっては、社員が期末ギリギリまで努力してくれる効果を期待できる。だが、会社にとっては、期末ギリギリまで評価が確定しないため、会社によっては、どれほどの原資（賞与額など）を用意しておけば良いのかなど、ギリギリまで分からないデメリットがある。

一方、見込み評価というのは、期を締める前に文字通り"見込み"で評価して、昇降給や賞与、インセンティブなどに反映させる方法である。早めに評価が確定するため、報酬の支払いまでに時間がある。また、原資を確保しやすいなどのメリットがある。だが、必ずしも現実の成果を正しく反映しないことがあるため、不公平感を招く可能性がある。どちらを採用するかは、職種や会社の状況と照らし合わせて議論して決める。

図表3-18 「確定後評価」と「見込み評価」の違い

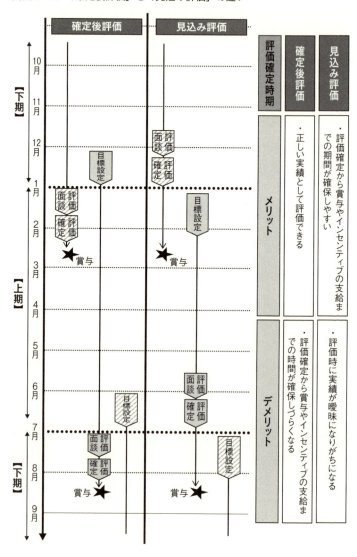

人材マネジメント全体像／設計編

ステップ3：報酬への反映ロジック設計

次に、評価結果の報酬への反映ロジックを決めていく（図表3-19）。

評価結果をどう反映させるのか、反映先もあらかじめ定めておく。成果の評価結果ならば賞与に反映させ、行動や過程の評価結果は昇給に反映させるなど、評価する要素とその結果に応じた反映先を決めるのである。賞与と昇給を反映先としてどのように使い分けるかについては、一般的には、賞与は、過去の成果の精算という意味で用いられ、昇給は、プロセスや能力などの未来での成果創出に対する投資という意味で用いられることが多い。

また最終的な評価結果を算出する際には、目標の難易度、各目標のウェイト、達成基準との乖離、成果・行動評価など、一定の係数を設定して算出できるようにする。

図表3-19 評価結果の反映の考え方：例

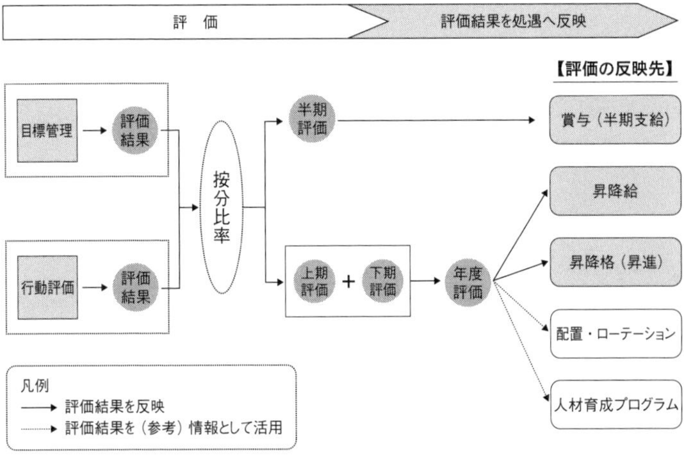

またさらに、評価結果は、人材育成や異動のための情報として用いることもできる。そのため、会社としては、報酬だけでなく、そのほかの方法も加味して、社員にいかに報いるのか。これもまた会社の方針と、評価の反映先と方法が合致しているかどうか議論する必要があるだろう。

ステップ4：評価プロセス

最後に、期初〜期末までに評価を実施・運用していくにあたり何をするのか。「評価プロセス」も決めておく必要がある（図表3-20）。評価プロセスとは、評価を行っていく上での会社全体の

図表3-20　評価プロセスの設定：例

評価時期	実施手順	関与者	実施内容
期初／半期初	組織目標の共有	組織メンバー	・組織目標の共有と理解促進
期初／半期初	目標設定（自己）	被評価者	・組織目標、期待役割を踏まえ、各目標、達成基準、実施方法、難易度、目標間のウェイトなどを設定
期初／半期初	目標設定面談	被評価者／一次評価者	・目標、実施方法、難易度、目標間のウェイトについて組織上の上司と合意・共有 ・面談時に、期待役割と照らし目標の難易度を確認
期中	中間面談	被評価者／一次評価者	・一次評価者は被評価者の目標の進捗状況や業務の遂行状況の確認 ・ビジネス・組織の状況変化などを踏まえ、必要に応じた目標の再設定
期末／半期末	自己評価	被評価者	・半期初に設定した各目標について自己評価を実施
期末／半期末	評価面談（一次評価）	被評価者／一次評価者	・一次評価者は各目標及び目標全体の成果について評価を実施後、面談により評価結果のすり合わせを行い、一次評価を確定
期末／半期末	二次評価	二次評価者	・二次評価者が部門全体の見地から、成果及び行動の項目全体について二次評価を実施（必要に応じて一次評価者にヒアリングを実施する） ・一次評価者がつけた評価に甘すぎる・辛すぎるなどの傾向が見られた場合、一次評価者にその理由を説明した上で評価のつけ直しを指示することがある
期末／半期末	評価のすり合わせ	一次評価者／二次評価者	・一次評価者と二次評価者の評価結果のすり合わせを実施する（現場レベルの評価確定）
期末／半期末	評価調整会議	取締役会メンバー、人事部門責任者	・評価の最終調整・確定
期末／半期末	昇降格審査	取締役会メンバー、人事部門責任者	・昇降格者の確定
期末／半期末	評価通知	被評価者／一次評価者	・評価結果を本人にフィードバックするとともに、本人に気づきを与え、自発的な能力開発につなげる ・最終的な評価結果を被評価者に通知する

動きのことを指す。たとえば、社員一人ひとりの目標設定の前に、当然、会社目標が定まっていなければならない。部の目標も同様である。これらのスケジュールをはじめ、それぞれの目標を決めるために関与する者や内容なども、あらかじめ確定させておくのである。

　ビジネスサイクルを鑑みて運用負荷が重くないか、矛盾は生じていないか、年間の人事カレンダー（図表3-21）などを踏まえて検討・議論をする。

図表 3-21　年間の人事カレンダー：例

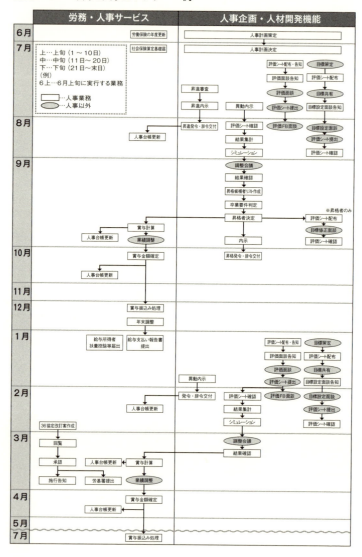

124　人材マネジメント全体像／設計編

Chapter 3

続いて「報酬制度」を、下記の4つのステップにより定めていく（図表3-22）。

図表3-22　「報酬制度」策定のための4ステップ

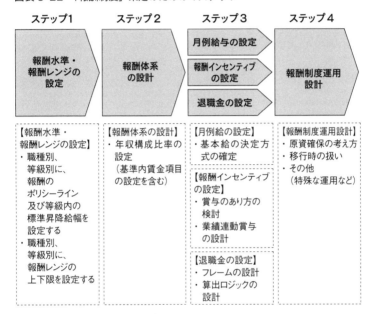

◯報酬制度策定のための4ステップ

ステップ1：報酬水準・報酬レンジの設定

報酬制度の設計は、まず報酬水準を設定するところからスタートする。年収として支払う水準を定め、月例給与や賞与にどのように配分するのかを検討するのである。報酬水準は、現状分析などで比較したベンチマーク会社のデータなどを参考に、自社としてどこまでの水準を支給できるかを検討し、設定していくのである。また競合会社やベンチマークなど外部との比較だけなく、事

業計画などにある人件費、またあるいは、職種間を異動した場合に発生する事象なども加味しながら、各等級及び各職種の報酬水準と報酬レンジを決定していくのである（図表3-23）。

図表3-23　報酬水準・報酬レンジ検討の目線：例

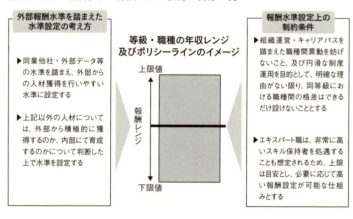

賃金の逆転現象を解消するには

よく問題になる賃金の逆転現象も、ここで報酬レンジを定めることで防ぐことができる（図表3-24）。賃金の逆転現象を解消するためには、時間外手当のような不確定な要素があるが、これは過去の繁忙期、閑散期、いずれも含めた平均的な時間外労働時間を算出し、計算して報酬に組み込む。その上で、ある等級の報酬の上限と、一つ上位の等級の下限を合わせるようにする「接合型」にするのか、あるいは、上限と下限にさらに差をつける「乖離型」にするのかを定める。「接合型」と「乖離型」との両方を用いたミックス型もあり得る。その場合も、一般的には、管理監督者に該当する等級だけは、下位の等級の報酬よりも低くなることのないよう、等級間のレンジを離す「乖離型」にすることが多い。

図表 3-24 報酬レンジの設定

重複型

等級の上限額と上位等級の下限額が重複している

(報酬／等級のグラフ)

メリット
・報酬額が重複するため、各等級内の昇給幅が大きく取れる

デメリット
・等級間で報酬が逆転するケースがある

接合型

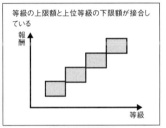

等級の上限額と上位等級の下限額が接合している

メリット
・要素（能力や価値）の連続性を報酬に反映する場合は関係性が明確になる
・昇格昇進のインセンティブが働く

デメリット
・乖離型・シングルレート（単一型）ほどは昇格昇進インセンティブは働かない

乖離型

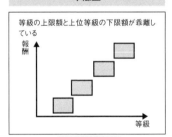

等級の上限額と上位等級の下限額が乖離している

メリット
・等級間の間隔があるため、昇格昇進のインセンティブが働く

デメリット
・等級間の間隔が必要なため、全体として広い報酬レンジが必要となる

シングルレート（単一型）

報酬のレンジ（範囲）の設定はなく、金額が一本になっている

(報酬／等級のグラフ)

メリット
・昇格昇進インセンティブが非常に強い
・要素（能力や価値）をダイレクトに報酬に反映しやすい

デメリット
・同一等級の職位にアサインされている間は昇給はない

ステップ2：報酬体系の設計

レンジ設定の後は、現状の報酬項目（所定内／外賃金）で切り分けて、何に対する対価で支給しているのかを項目別で検討する。報酬体系の設計である。議論の際は、会社が意図する業績や成果に基づくものなのか、あるいは生活保障のような属人的な報酬なのかを検討しつつ、各報酬項目の支給の意味や意図、支給根拠を明確にしていくのである（図表3-25）。

図表3-25　報酬体系と支給根拠

【報酬体系】支給項目	支払いの目的	報酬の決定要素
基本給（所定内賃金）	・当該年度において、遂行することが期待されている各人の期待役割の対価として支給	・職種別・ランク別の期待役割に応じて設定された役割給レンジにより決定 ・前年度の評価結果によって役割給レンジ内で昇降
役職手当／調整手当／資格手当（所定内賃金・手当）	・役割給などでは反映しにくい同一ランク内で専門領域に長けた人材が保有するスキルへの対価として支給	・担当職務や保有スキルの希少性や必要性による金額テーブルによって決定（対象者は会社が認めた者のみ）
時間外勤務手当（所定内賃金・手当）	・時間当たりの労働力提供の対価として支給（法定）	・法定の時間外割増率により算出
深夜勤務手当／休日勤務手当／呼出手当	・営業成績（新規顧客からの売上など）、営業目標達成に対する対価として支給	・個人・グループの営業実績より算出
インセンティブ（功績給与）	・期待役割の遂行、業績への貢献度の対価、業績配分として支給	・各人の算定基礎額（役割給など）、評価結果などにより決定
賞与／ストックオプション（業績給与）	・長期の会社への貢献度に対する対価として支給	・勤続期間における会社への貢献度や会社業績、勤務期間などによって総合的に判断算定

手当の設定は必要性を十分吟味してから

手当はやみくもに設定するのではなく、何に対する対価であるのか、手当として継続的に支給すべきものか、一時金などの報い方では不十分かなどを検討する必要がある。一度設定した場合、固定的賃金となる手当は簡単には廃止できない。そのため、その必要性を十分吟味し、設定することが必要になる。

図表3-26　月例給与と賞与の構成比率：例

	マネジメント	スタッフ	セールス	テクニカルエンジニア

等級や職種に応じて、月例給与と賞与の比率を検討する

賞与／月例給与

- M3 賞与：30%
- M2 賞与：30%
- M1 賞与：25%
- G2 賞与：20%
- G1 賞与：20%
- S4 インセンティブ：40%
- S3 インセンティブ：40%
- S2 インセンティブ：30%
- S1 インセンティブ：30%
- T4 賞与：25%
- T3 賞与：25%
- T2 賞与：20%
- T1 賞与：20%

　次に年収の構成比率を定める。賞与を厚めに支払い、月例給与は比較的低めにする賞与重視型にするのか、それとは逆に、賞与は少なめに、月例給与は多めに支払う月額重視型にするのか。賞与と月例給与の比率を定めるのである。

　一部前述した内容になるが、一般的には、等級が上がるほど"成果"を重視し、等級が低いほど、"プロセス"や"能力"のウェイトを大きくする傾向にある。そのため等級が高くなると、報酬全体に対する賞与の比率が高くなり、また一方で、等級が低いほど、報酬全体に対する賞与の比率が低くなる傾向にある（図表3-26）。

ステップ3：月例給与の設定／報酬インセンティブの設定／退職金の設定

　ステップ3は大きく三つに区分される。一つは、毎月支給され

129

る報酬「月例給与」、二つ目は、会社の業績に応じて支給される一時金「報酬インセンティブ(賞与・インセンティブ)」、三つ目は、退職時に支給される「退職金」の三つである。

《基本給》

一つ目の月例給与で基本となる賃金が「基本給」である。「基本給」は、年齢や勤続年数、学歴などで決定する"属人給"と、業務を遂行していく能力、職務、成果、業績などで決まる"職務給"で構成される。また、"属人給"と"職務給"の二つの観点から考える"総合給"がある。基本給には"属人給""職務給""総合給"と、それぞれの目的に沿って種別があるが、各社では一律に「基本給」と呼ばれている場合が多いため、その内容を吟味して設定しなければ会社が意図しないメッセージになることもある。

この「基本給」だが、「基本給」の決定方法から主に三つに区分することができ、「号俸方式」「率方式」「洗い替え方式」がある（図表3-27）。

「号俸方式」とは、各等級の中に昇給金額の階段があらかじめ明示された基本給の決定方式である。等級内の昇給金額があらかじめ決まっており、昇給金額が明確であるため、昇給意欲を喚起しやすい場合が多いと言える。一方、昇給金額が明確に示されているがゆえに、会社の業績が悪い場合であっても、その金額を容易に変更することができないため、結果として思わぬ昇給増額を招く恐れもある。

図表 3-27　基本給の決定方法

【号俸方式】

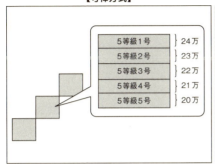

【号俸（金額）で管理】

等級内でも細かくランクづけを行い、そのランクごとの賃金額を設定する。評価結果によって、等級内のどのランクに位置づけるか決定する。

基本給の決定：例
　A評価＝2ランクアップ
　B評価＝ステイ（変更なし）
　C評価＝2ランクダウン

【率方式】

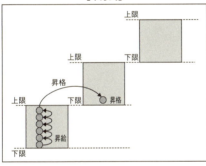

【昇給率（％）で管理】

等級ごとに報酬レンジを設定し、毎年の評価結果によって何パーセント昇給するか決定する。評価結果によって昇給率は固定する。

基本給の決定：例
　A評価＝5％
　B評価＝0％
　C評価＝-5％

【洗い替え方式】

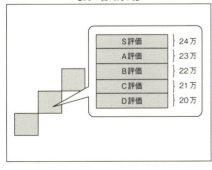

【号俸（金額）で管理】

号俸方式と同様に、号俸で管理をするが、金額の決定方法が、毎回の評価結果に基づき、毎回リセットされて決定する。

基本給の決定：例
　A評価＝23万円
　B評価＝22万円
　C評価＝21万円

「率方式」は、等級ごとや評価結果ごとに昇給率を決めることができ、号俸方式と同様に昇給金額を明確に示すことができるため、号俸方式と同様に、昇給意欲を喚起しやすい場合が多いと言える。号俸方式と異なる部分としては、率により金額を決定しているため、報酬テーブルの細かいメンテナンスが必要なく、また業績が悪化した場合には、率をコントロールすることにより、平等性を担保しつつ、原資不足にも柔軟に対応することができる。

　「洗い替え方式」は、毎回リセットされ、毎回の評価結果によって基本給を決定する方法である。評価結果が良ければ基本給のレンジが高いところからスタートでき、評価結果が悪ければ基本給の低いところからのスタートとなる。社員にとって分かりやすい方式だが、課題が多い方式とも言える。たとえば前回S評価だった社員が、今回B評価（標準評価）だったとしても、金額は減額となるため、評価結果と処遇への反映の仕方に（また与える認識に）乖離が起きる可能性がある。運用面においても、毎回、基本給の変更が発生するため負担も大きい。

　昇給を一定額にあらかじめ定めておく号俸方式にするのか、昇給額の総額をあらかじめ決めておき、それに率を定めて割り振る率方式で行うのかを決める。号俸方式にすれば、業績の良し悪しに関係なく、昇給の際には一定額を支出することになり、原資を圧迫しやすい。一方、率方式では、一定の原資の中で柔軟に対応することができる。そのため最近はこの率方式を採用する会社が多いのが現状と言えるであろう。

Chapter 3

《賞与》

次に「賞与」であるが、この賞与は、等級で定まる基本給に月数を掛けて計算して決めるのが一般的だが、しばしば議論になるのが掛ける月数の部分である。3カ月が多いのか少ないのか、また一方では競合会社では5カ月分払っているなど、自社の考え方や市況など、いろいろな側面から考えていく必要がある論点と言える。一方で、経営者に共通して言えることがある。それは、成果を上げた、また顧客や会社に貢献した、そういう社員に対して報いたいという想いである。

働いた社員に報いたい、また、これからもいっそう仕事に打ち込んでもらいたい――そう願い、賞与を会社の業績と連動させたいという経営者は多い。また一方で、業績が悪くても必ず一定額は払いたい。しかし、原資を抑えなければならない事情もある。そこでよく採用されるのが、業績連動賞与である。

《業績連動賞与》

会社の業績に連動して支給される賞与も変動する、というのが業績連動賞与の基本的な考え方である。とはいえ、業績に連動して青天井に支給して良いものなのか。業績がたとえ低くても、一定量の賞与を支給するのであれば、業績が好調な時にも、ある程度の上限は設ける必要があるであろう。業績が好調な時に、少しでも多くの賞与を支給したい気持ちはあろうが、社員側は一度高額の賞与を受け取ると、その高額の賞与が既得権利のような錯覚に陥り、その高額な賞与以上を求めるようになる。このような状況を加味して、業績連動賞与を設計していくわけである。

図表3-28　業績連動賞与の考え方

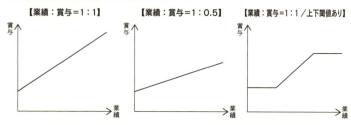

業績連動賞与は、「市場の動向」「競合の状態」「自社商品の優位性」「社員への還元」「投資配分」などを考慮に入れ、①傾きをどの程度の傾斜にするのか、②上限下限を設定するのかどうかを決定する

　業績が上がれば賞与額も上がるモデルを取りつつも、上がり方の傾斜を調整したり、上限を設けておくことで、業績連動ではあるが、原資を抑えたり、上昇を抑える業績連動賞与を設計することが可能になる（図表3-28）。

　昨今の「賞与」は、権利化しているケースが多く、人事制度構築のタイミングでその権利化してしまっている賞与を、業績連動賞与にし、過去の「賞与」の認識を払拭したいという要望をよく聞く。このような場合は、業績連動賞与の導入時に、方針を明示して、新たに設計した業績連動賞与の計算式やグラフをあらかじめ公表し、社員に対して"「賞与」は獲りにいくもの／獲れるもの"という意識づくりや工夫が必要であろう。

※ステップ3：「退職金の設定」については「二つのインセンティブの特徴と活用」で後述する。

ステップ4：報酬制度運用

　前述のように賞与のための原資を確保するため、会社業績と連動させるのか、そして原資の算定方法や、営業利益に基づくのか経常利益に基づくのかなど、賞与原資の決定指標を定める。

　その後は社員一人ひとりについて必ず「報酬シミュレーション」を行う。社員は、「人事制度」、特に「報酬制度」が変更されれば、いったい自分にどのような影響が出るのか、報酬はいくら受け取れるのか、そこに最も関心を寄せる。制度が変更になれば、報酬が上がる人もいれば、下がる人もいる。だが、法律上、経営者は社員の労働条件を一方的に"不利益変更(※)"することはできない。

　理論上は、双方の合意があれば問題ないが、現実的に報酬が減額するのであれば、モチベーションの低下は避けられない。そこで、実際にはなんらかの形で補填して、変更前の水準から下げないように対応方法を考える。補填の方法はいくつかある。しかしいずれも一時的な措置であり、数年後までには昇進して同額以上の報酬を得てもらうようにするなど、補填分はいずれなくすように、報酬の移行計画を組む。

　また、新制度によって人件費が急増することを防ぐためのソフトランディングの方法なども、複数パターンのシミュレーションにより総額人件費を計算しながら検討するのである。

※「不利益変更」とは
　固定的賃金が会社都合などで下がるケースのこと。制度変更といった会社都合により月額の固定的賃金が下がる場合には、不利益変更と見なされ、代替措置を講じることが必要になる。

二つのインセンティブの特徴と活用

　インセンティブは、社員のモチベーションを向上させ、組織・人材の活性化に寄与する。しかし内容次第では、短期的な成果に終わってしまうことも懸念される。そのため、組織や人材の活性化を図るには、組織や人材そのものに対して直接の刺激（金銭型）を講じるだけでなく、間接的な刺激、つまり、周囲の環境（非金銭型）の二つの面から整える必要がある。

　ここでも各制度は、「企業理念」「経営理念」「企業戦略」「組織・人事戦略」「人材マネジメントポリシー」とブレイクダウンさせ、長期的に効果が現れるように構築することが肝要である。

○インセンティブ──金銭型（退職金、確定拠出年金）

　退職金制度はそもそも必要だろうか──。製造系や技術系など、経年勤務することにより技術が高度化するようなビジネスでは、長く働いてもらうために退職金制度が必要かもしれない。一方、変化の早いIT系などは、後払いの退職金ではなく、いまの技術や成果に報いる報酬が重要で、退職金制度は不要かもしれない。退職金制度を維持（あるいは導入）する方針にした場合、退職金は金銭型の長期インセンティブとして位置づけることができる。

長期インセンティブ制度

　長期インセンティブ制度を検討する際には、会社の方針として、功労金としての位置づけか、リテンション対策としての位置づけか、また市場価値や相場と連動させるのか、会社固有のものとす

るのかなど、まずこれらを検討する必要がある。退職金といった長期インセンティブ制度は、一度導入すると長期的な影響を及ぼす制度である。効果的に設計・設定できればモチベーションの向上にも寄与する側面もある。

長期インセンティブである退職金制度を設計する場合、まず退職金制度の枠組みを設計する（図表3-29）。確定給付型の退職金、確定拠出型の退職金、インセンティブ的要素の強いエクイティ型の長期インセンティブ（ストックオプションなど）も含め、どういった枠組みが適切であるか検討が必要である（図表3-30）。

図表3-29　退職金制度設計の流れ

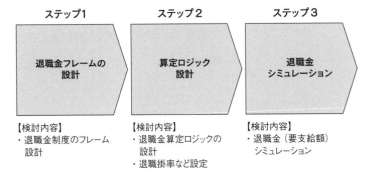

図表 3-30　インセンティブ策定のために考慮する事項

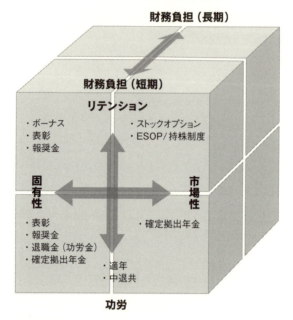

次に退職金には、大きく二つある（図表3-31）。

①確定給付型（会社の退職金算定ロジックにより、将来受け取れる金額を保証）

②確定拠出型（掛け金を拠出し、受け取れる額は運用方法によって変動）

図表 3-31　退職金運用のための二つの方法

	メリット	デメリット
確定給付型	将来受け取る金額が明確なため、安心感を与えることができる	運用責任が会社にあるため、負荷が高い（会社が運用）
確定拠出型	運用責任が会社にないため、負荷が少ない（加入者が運用）	将来受け取れる金額を明確に特定することができない

確定給付型、確定拠出型のどちらで運用するかは会社の方針によるが、いずれにしても根底には貢献度に応じて支給する趣旨から外れず、かつ安定的に運用し、支給できる方法を模索する必要がある。加えて、確定給付型の場合には、会社が退職金要支給額のファンドを運用する責任を持つので、社内で資金を持つ形式（引当あるいは都度経費拠出）か、あるいは外部金融機関に運用を委託して行うかなどを検討する必要がある。

　設計のポイントは、社員の"貢献度"に応じたものになっているかどうかである。たとえば、同期入社をした2人の社員であっても、数年後、1人は課長、もう1人が部長では、同じ勤続年数でも貢献度が異なるはずである。そこで単純に勤続年数で退職金を計算するのではなく、ここでは役職という形で示されたこれまでの貢献度の違いにより、退職金の金額も異なるようにする。実際に役職が高い人ほど金額を多く受け取ることができる制度を導入する会社は増えている。

退職金三つの計算法

　退職金の計算は、大きく3種類に分類することができる。

①基本給連動型——退職時の基本給をもとに算出

　　計算式　　：基本給×継続年数×給付率＝退職金
　　メリット　：計算がしやすいため、運用しやすい。社員にも分かりやすい。
　　デメリット：退職時に給与が下がっている場合、退職金も同様に下がる可能性がある。

②ポイント制——職位や等級などをポイント化して算出
　　計算式　　：ポイント x ×ポイント y ×掛け率＝退職金
　　メリット　：同じ勤続年数でも、役職や等級により差をつけることができる。
　　デメリット：等級や役職が変わる際に、メンテナンスや運用負荷がある。

③定額制——基本給は考慮せずに、勤続年数により算出
　　算定方法　：テーブル
　　メリット　：勤続年数に応じて退職金が安定的に上がっていくため、分かりやすい。
　　デメリット：年功的に見えてしまうため、若手やミドルから不満が発生する可能性がある。

○インセンティブ——非金銭型

　貢献度に応じて金額が変わる金銭型のインセンティブは分かりやすく、金額によってモチベーションは一時的には向上しやすい。だが、持続性には限度があると言える。

　一方、非金銭型のインセンティブは金型に比べ見落とされがちだが、「生きがいや働きがいのために仕事をする」というモチベーションを向上させることができ、金銭型よりも恒常性があるとされてもいる（図表3-32）。

図表 3-32　金銭報酬と非金銭型報酬例

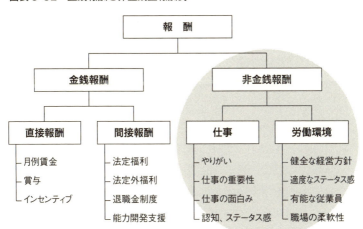

非金銭報酬導入のポイント

非金銭報酬の導入を成功に導くには、以下の2点を明確にすることが重要である。

①何のために設計するのか？

さまざまな非金銭報酬があるが、単に魅力があり、流行りだからといって導入すると、いずれは形骸化し、社員からの不信感につながる可能性もある。社員にとっては、また余計な制度が増え、手間が増えたとさえ思われることもある。

そこで、一つひとつの制度を、何のために設計・導入するのか明確にする。「会社・経営にとって社員にして欲しい成果・行動」を具体的に検討していくことで、社員と会社・経営とが同じ方向を向くことができる。

②会社特有の設計

　他社との違いや差を出すことによって、社員のモチベーションを高め、リテンション対策にもなる。①を定義後、自由な発想で自社特有の内容を検討する。

　昨今、働き方は多様になり、自由度は大きくなってきている。従来の枠にとらわれない自社独自の魅力ある非金銭報酬を設計することで、社員のモチベーションを向上させ、離職率の低減に成功している会社は増えている。

　今後は、よりいっそう、非金銭報酬の設計に注力する必要があるだろう。金銭報酬とともに非金銭報酬もバランスよく設計する必要があると言えるであろう。

人を活かす管理職の役割の再認識を

　以上、実際の「人事制度」構築の基本的なプロセスの概要を順を追って説明してきた。

　人事制度は、一つひとつの制度や報酬の支給ロジックなど、合理的な考えに基づいてつくられていく必要がある。また人事制度の中には、計算式や図表、グラフなどの形で公開し、分かりやすさにも拘って、社内に展開していくことが肝要である。属人性を排除して、公正・公平感を保ち、しかも分かりやすくする。

　こうして初めて社員に納得してもらえる「人事制度」をつくることができる。社員に"腹落ち"して初めて、「人事制度」が成り立つと言っても過言ではない。

◯人事制度の活用・定義に必要不可欠な研修

だが一方で、人事制度全体を理解するための情報量は膨大になり、複雑に見えることもあるだろう。もちろん、全社員に向けて説明会は開くが、一度の説明会の中で、完全に制度の内容を理解してもらうことは至難の業である。そのような中、人事制度の全社的な理解において重要な役割を担うのが管理職である。特に評価する立場の社員、いわゆる管理職は、人事部門と同じくらいの人事制度への理解が必要と考えている。そのため、人事制度への深い理解を促すために、必ず行っているのが研修である。社員に深い理解を促すプロセスは非常に重要で、せっかくつくった制度を活かすために、また定着させていくために必要不可欠なプロセスであると言える。

特に、評価のための研修は数回にわたって行い、説明だけでなく、小テストを行ったり、グループに分かれてディスカッションしたり、実際の評価の体験をしてもらうなど、実践に近い内容で実施している。

◯管理職の人事制度への理解が人を活かす

繰り返し強調してきた通り、「人事制度」は会社の「企業理念」実現のために、一人ひとりの社員に目標をブレイクダウンし、達成度合いを評価しながら、その進捗を支援していく仕組みである。日頃から「人事制度」を使いこなして、初めて仕事を正しい方向へ導き、現実の成果に結びつけることができるのである。

人事という言葉は、訓読みで「人の事（ひとのこと）」となる。現場の管理職が「人事制度（＝ひとのことの仕組み）」に関心が

ないということは、会社の仕事にも、部下の育成にも、関心がないのも同然と言わざるを得ない。少しきつく聞こえるかもしれないが、人をないがしろにしていると言っても過言ではないかもしれない。

　「会社は人なり」とも言う。改めて言うまでもなく、人は重要な経営資源でもある。管理職の立場ならば、自社の「人事制度」をしっかりと理解し、普段からこれを活用しながら、一人ひとりの社員が自分の仕事に向き合うように、指導にあたるべきであろう。それでこそ、人を活かすことができるわけであり、管理職の重要な役割であると言える。

Chapter 4

人材育成

会社の成長のために不可欠な人材の育成

"会社が成長する"とはどういうことか。売上が上がる——、利益が上がる——、事業規模が拡大する——といったことを思いつくのではないだろうか。だが、会社の成長は、それだけではない。会社が恒常的かつ安定的に成長していくためには、会社で働く全社員の成長も伴わなければならない。

会社の根源は人である。会社にとって人材育成とは、会社の成長を促す、最も根幹的な力となるものである。

たとえば会社という容器の中に、人というボールがたくさん集まっている様子をイメージしていただきたい。一人ひとりが成長すれば、つまり、一つひとつのボールが大きくなっていけば、やがて会社という容器を内側から押し始め、全体を大きく膨らませていくであろう。

だが、誰も成長しなければ、ボールは一向に大きくならず、会社という容器も小さなままである。ボールが縮めば、隙間だらけのもろい組織になってしまうかもしれない。

最新の技術やシステムも大事だが、会社にとって最も大事なのは人材である。一人ひとりの社員が生き生きと働き、成長し続けなければ、会社は存続できない。

本書全体のテーマである、人材マネジメントもまたそのためにあるわけだが、本章では特にその中の人材育成について、意義と具体的な進め方に触れていきたい。

○なぜ、人材育成の価値や重要性が理解されないのか

　人材育成は、会社の成長を促す、最も根幹的な力であるという一方で、現実を見れば、人材育成の価値や重要性が理解されていないケースは、少なくない。弊社では、クライアント企業より、外部講師やファシリテーターとして研修を受託し、研修を通して人材育成の支援を行っている。この研修当日に、受講者の方々に向かって「みなさんは、これから受けようとしている研修が、会社の成長につながると意識していますか？」と聞いても、反応は芳しくない。管理職を対象にした研修であっても、日頃から部下の育成を意識しているかと聞いても、戸惑うような表情をされることも少なくない。

　受講者の多くは部下との関係に苦労しており、現状をなんとか変えたいという気持ちを持っている。しかしその一方で、長期的視点での部下の人材育成を行うというところまで、とても考えが及んでいないようである。ましてや、会社を経営する視点で毎日のマネジメントにあたっている方は少数派と言わざるを得ない。

　受講者の中には、この忙しい時期に研修などに時間を取られるのは困ると、不機嫌な表情を見せる人も少なくない。ただ、それはまだ良いほうで、研修に参加することで、仕事を休める！――、ああ、しばらくの間は息抜きができそうだ――といった声を漏らす人さえいる。会社ではない会場での数日間にわたる研修ともなれば、まるで旅行気分で夜の飲み会ばかりが盛り上がり、課題の存在などすっかり忘れて大騒ぎになるケースも少なくない。

　確かに、社員同士の絆を強めるための研修は存在するが、本来、研修とは、会社に貢献する、仕事の成果に直結する人材を育成す

る、あるいはその知識・技能を直接的に習得するためにある。

　もっとも、経営者の中には、これまでも多くの研修を外部に依頼したものの、思ったような効果を上げられなかった経験をした人もいるだろう。そのため、人材育成と聞いてもそれほど期待していない経営者は少なくない。思ったような効果を上げられなかったその原因は、いろいろ考えられようが、会社側が研修など育成施策の具体的な狙いや、何を得る場であるか、またこの研修を通して解消しなければいけない本質的な問題点や課題は何かを、明確にできないケースがまま見られる。そして「〇〇年入社社員向け研修」「リーダーシップ研修」といった形で、毎年の塗り直し、また他社で行っている研修プログラムのコピーとも思われるような、研修になっている場合も少なくない。

　一方、研修を履行する側としては、人材育成の意義を伝え切れなかった、あるいは本質的な意図・意味、狙いは何になるのかを十分ヒアリングできておらず、したがって適切な育成施策を提供できていなかったこともあるであろう。その意味では、我々人材マネジメント領域を担うコンサルタントとしての責任も大きいと痛感している。

求められているのは"体系立った"人材育成

　繰り返しになるが、人の成長なくして、会社の成長はあり得ない。人材育成は、会社をあげて行うべき最優先の事項であり、そして管理職とは、部下という人材を育成する重要な役割を担う職務でもある。

そして、変化の速い時代に、昔ながらのやり方は通用しない。かつては「先輩の背中を見て仕事を覚えろ」とか、「仕事の技は盗むもの」と言われ、現場に放り出されることが"教育"だった時代がある。仕事を教わらないままいきなり任され、できなければ、怒鳴られ、罵られる。その繰り返しで仕事を覚えた。

そんな経験をしてきた人たちが管理職になると、同じことを部下に求めてしまう。だが、当然ながら、いまの時代は、そのような管理職に誰もついてきてはくれない。ろくに教えもせずに、うまくいかなければ怒鳴りつけるようでは、パワハラで訴えられるかもしれない。

確かに「背中を見て仕事を覚える」「仕事の技を盗む」時代はあった。しかしそれは、戦後の混乱を脱し、日本が高度経済成長時代に入ると重工業が産業の主力になった頃の話だ。当時の会社の役割は、大量生産で大勢の人のもとへ均一な製品を届けることであり、そこでは先輩や上司の仕事のやり方をそっくりマネして身につけることが求められた。そしてそれが通用もした。

だが、そうした時代が過ぎ、サービス業主体の時代になると、様相は変わり始めた。何度かの不況を経ると年功序列を見直す会社が現れた。さらに時代が進み、人手不足が深刻になると、会社はようやく人材育成の重要性に気がつき始めた。大量採用を行い、現場に放り出して人を育てる。──育てるというよりも、競争環境による淘汰である。そして、それも限界を迎えている。

いま、管理職がすべきことは、一つひとつの仕事を繰り返し教える機会をつくることである。また、目の前の仕事についてばかりでなく、長期的な展望を持って人材を育成していくことも求められるようになった。幹部候補生はもちろん、そうではない人材

であっても、いくつものキャリアパスを用意して、適切な道を、本人の適性や希望と照らし合わせながら探り、数年後、数十年後のゴールを設定して、長期的に人を育てる時代になったのである。

階層や成長によって求められるスキルは変わる
──カッツ理論

仕事で必要とされる能力やスキル（知識・技能）は、等級や役割によって異なる。この等級や役割といった階層で求められる能力やスキルが異なると提唱したのが、ハーバード大学の教授だったロバート・カッツ教授の「カッツ理論」である（図表4-1）。

カッツ理論によれば、ビジネスに必要なスキルは大きく三つに分類できる。テクニカルスキル、ヒューマンスキル、コンセプチュアルスキルである。

○三つのスキル

テクニカルスキルとは、特定の業務をこなすための能力を指す。営業職であれば、マナーに始まり、見積書の作成方法、営業トーク……。経理部門であれば簿記、あるいはそのためのPCソフトの操作法……。つまり、職務を遂行するための基本的な知識や専門知識、スキルである。

ヒューマンスキルとは、対人関係を構築していく能力のことである。社内であれば、上司や部下とコミュニケーションを取りながら仕事を進めていく能力。管理職であれば、部下を動機づけてチームとして成果を上げる能力。外部に向けては、取引のための交渉力などがヒューマンスキルになる。

図表 4-1　カッツ理論

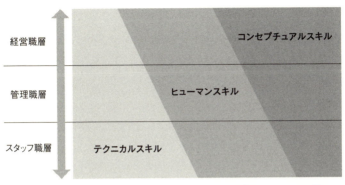

- カッツ理論ではビジネススキルを三つに分類しており、それらは「テクニカルスキル」「ヒューマンスキル」「コンセプチュアルスキル」である。
- そして求められるスキルの比率(ウェイト)は、対象層によって変化するとされている。

　コンセプチュアルスキルとは、多くの情報を分類したり、整理したり、組み合わせたりしながら、新しい価値をつくり出していく能力を指す。物事を探求したり、洞察する力はもちろん、理論的に整理していくロジカルシンキングや、分析していくクリティカルシンキングなどの能力も含まれる。

◯必要なスキルは階層や立場によって異なる

　一般的に、仕事を始めたばかりの新入社員は、テクニカルスキルの習得に励み、自分に与えられた仕事をこなしていく役割を負う。

　管理職になり部下を持つようになると、部下とコミュニケーションを取りながら、より大きな目標の達成を果たす必要がある。そこで必要となるのがヒューマンスキルである。取引先との交渉、

折衝などでも求められる能力である。

そして、役員などの経営層になれば、任された部署はもちろん、会社全体の将来像を描くためにコンセプチュアルスキルが求められる。会社全体の状況はもちろん、市場や社会全体の変化の状況も視野に入れながら、自社で伸ばすべき事業や、伸ばすための組織編成を考える。コンセプチュアルスキルは、組織の上位になればなるほど必要になる能力である。

三つの能力はビジネスを行っていく上でどれも欠かせないスキルであるが、新人や若手はテクニカルスキルを使う割合が高く、管理職など上位の職に就くほど、部下や取引先との間でヒューマンスキルが必要となり、さらに多くの部下を持つ立場になったり、経営層になれば、組織全体の舵取りのためにコンセプチュアルスキルを発揮する場面が多くなっていくのである。

○人材育成体系で必要なスキルを計画的に身につける

このように、階層や立場によって求められる3種類の割合は変わり、現実には、さらに業界・業種や社内の部署、その中の専門性によって求められるスキルは細分化される。それぞれのスキルが必要となる時期や場面は異なり、求められる最良のタイミングと場所で身につけることができれば、仕事の効率は上がり、大きな成果を上げることができるに違いない。そこで、等級や階層、職種、専門などに応じて、必要なスキルを計画的に身につけていく仕組みを体系立てたのが「人材育成体系」である。

図表4-2 育成体系を整備する意味

・人材育成投資の効率化	効果的なタイミングで抜け・漏れなく、あるいは重複なく育成を行える
・育成メッセージの提示	どのタイミングでどのような能力・スキルが必要か社員に提示できる

「背中を見て覚えろ」や「仕事の技は盗め」といった旧態依然としたやり方で、獲得できるのは、せいぜい先輩の持つテクニカルスキルのごく一部に過ぎない。もちろん新入社員には、それぐらいの意欲を持って仕事に臨んで欲しいという意味での指導はあり得るだろう。

だが、より大きな成果を上げる人材を育成したいのであれば、階層、職種、専門に応じて設計された、長期的な計画に基づく「人材育成体系」が不可欠なのである（図表4-2）。

即効性のあるOJT

人材育成の方法もまた大きく3種類に分けられる。

一つはOJT（On the Job Training）である。実際の場面で、仕事を覚えていく方法である。

たとえば、新入社員が職場に配属されると、1年か2年上の先輩社員が、直接、新入社員を受け持つことでOJTを行っている会社は多いだろう。

営業の仕事ならば、先輩社員とともに営業先を訪問し、名刺を渡すところから、世間話をして本題に入り、営業トークを展開するところまで、目の前で先輩社員が取り組む実際の仕事をそのま

ま覚えていく。製造現場ならば、機器の操作やメンテナンスなど、やはり実際の仕事を先輩社員にピッタリ張りつきながら習得していく。経理、総務のような内勤も同様である。書類の書き方に始まり、各種手続きの申請方法、社内への目の配り方など、これもまた先輩社員のやる通り、そっくりトレース（真似）しながら実際の仕事を自分のものにしていく。

　OJTの一番のメリットは、その場で比較的短い時間でスキルの習得が可能になることである。現実の仕事を自分で実際にやってみるので、時には失敗もするが、先輩社員がすぐにどこが悪かったのかを指摘してくれるので、修正がたやすい。

　いきなり本番の仕事に向かう緊張感は大きいが、だからこそ短期間で仕事を覚えることができる。会社にとってはすぐに戦力にすることができ、本人にとっても満足度は高い。

　OJTが最も効果的に働くのは、マニュアル化されているような定型的な仕事の習得である。入社したばかりの新人が、先輩の社員にピッタリと張りつき工場で機器の操作を覚えたり、営業として得意先を回ったり、先輩や上司の仕事のやり方、振る舞い、一挙手一投足をそっくりマネながら仕事に挑めば、ひと通りの答えが出る。カッツ理論のテクニカルスキルの習得に向いているとも言えるだろう。

　OJTにはデメリットもある。それは、教える側の先輩に依存せざるを得ないことである。優秀で真面目な先輩ならば、仕事のスキルも、仕事への姿勢も、学べることは大きいであろう。だが、仕事ができない先輩、仕事に対して否定的な姿勢の先輩につけば、仕事を身につけることが遅くなるばかりでなく、仕事のサボリ方などマイナスのことまで覚えてしまいかねない。また場合によっ

ては、部下や後輩を放置してしまうこともある。

　新入社員にとって最初の社会経験は強く脳裏に刻まれ、その経験がその後も何かにつけて行動の指針になっていくはずである。OJTばかりではなく、着実に学べるほかの方法と組み合わせながら人材開発を行うことで、安心感があり、戦力につながる新入社員の育成ができるようになるであろう。

高質な内容を着実に提供できるOFF-JT（集合研修）

　人材育成の方法として二つ目にあげられるのがOFF-JT（OFF the Job Training）である。OJTとは対照的に、仕事の場から離れて学ぶ方法であり、その代表的なものが集合研修である。

　どこの会社でも一般的に行われている人材育成の方法であり、実際、弊社でも講師やファシリテーターの依頼を受ける機会は多い。

　会社によっては、階層別・職種別など多様な研修を用意し、会社の会議室で行うこともあれば、富士山の裾野の山小屋へ数日間こもって行うような研修まで、実施形態も多様である。また講師は、社内の人事部の社員や、とある専門領域に精通した社員が務める場合もあれば、外部から招いて行うケースもある。

　集合研修の一番のメリットは、しっかりした講師が研修を進めるのであれば、誰にとっても質の高い内容の学びが得られることである。OJTのように先輩によって学べることに差がつくことはない。また、仕事の場から離れた"非日常的な環境"も手伝って、集中して知識を得たり、スキルを身につけたりすることが可能に

なる。

　外部の会社に研修を委託する場合は、講師やファシリテーターを外部の専門家が務め、依頼元の社員の集合研修を行う。またほかには、依頼元1社に限らず広く受講者を募集する形を取り、他社の人たちと、同じ研修を一緒に受講する形式のものもある。そこに自社の社員を参加させれば、他社の社員とともに研修を受ける緊張感を持たせつつ、競争意識も働いて、効果の高い研修となる可能性は高い。いわゆる他流試合型の研修である。

　OJTが目の前の仕事の習得に向き、即戦力となることが期待されるのと対照的に、OFF-JTは、抽象的なことも含む、仕事の原理原則や問題解決の概念などを学ぶのに向いている。

　たとえば、部下を持つようになったり、ある程度の組織を任されるようになった中堅から管理職の社員が、特定の問題を個別に解決するのではなく、複数のあらゆる問題に対処できる手法や考え方のフレームを身につけるのに向いている。初めて管理職になった社員のためにマインドを変えたり、新たな役割を確認させ行動に結びつけていくような時にも、威力を発揮する。また管理職だけに限らず新人向けのOFF-JT研修も多数存在する。OFF-JTは、職種や役割などの一番最初の"入口教育"に向いているとも言えるであろう。

　このようにOFF-JTはいろいろなテーマや課題解決に役立つ内容を学ぶことができる。一方で、研修の内容は万人向けの汎用的な内容になりがちになるデメリットがある。等級や役職で分けて行うにしても、対象者が数十人規模になれば、全ての人のレベルや立場、関心を考慮した内容にすることは難しい。ましてや1社だけでなく、複数の会社の人間が集まる研修では、内容はどこに

でも通用する一般的、平均的なものになりがちになるのは否めない。

受講者は、自分の仕事を想定して研修を受講する姿勢にはなかなかなれず、"非日常的な環境"がかえって悪く影響して、まるで休暇でも取るような感覚で研修に参加する人が現れてしまう場合もある。

特別に会場を用意して数十人規模で行う研修は、実施するにも参加するにもそれなりの費用がかかるものだ。お金や時間を無駄にしないためにも、参加者の属性やテーマを慎重に検討し、誰もが自分の課題と意識できるものにすべきであろう。

人材育成施策は会社の経費を用いた人材への投資である。その意図・意味を理解して、業務の一環である視点を持つことも必要になる。講師も厳選し、受講者にはあらかじめ課題を出したり、研修中も活発なディスカッションを促したりするなど、参画意識を強く保てる工夫も求められる。

自分のペースで学べるセルフデベロップメント

人材育成の三つ目の方法が、SDS（Self Development System）——自己啓発である。自ら手をあげ、自分でお金も払って勉強する方法である。英会話、簿記や会計などの資格取得、MBA、プログラミングなど、いまでは外部でいろいろな講座が展開されている。

専門知識を身につけてステップアップを目指す人、向学心のあふれる人ならば、自ら取り組んでいる手法であろう。会社として

も資金の一部を補助するなど、なんらかのバックアップをすればその意欲を後押しできる。またそういう会社も増えてきている。

社員自らが取り組み、お金も自分で出すのだから、三つの方法の中では最もやる気を保てる方法であろう。しかしその一方で、テーマは社員本人が考えるため、実際の仕事に直結しない場合が少なくない。

たとえば、自ら英会話を身につけようという考えは素晴らしいが、海外の企業と取引がない会社ならば、英会話を活かす機会はないかもしれない。また、会社での評価が上がることも期待できない。ほかの資格も同様である。

一方、自己啓発であっても、社内で求められる知識やスキルを、eラーニングを通して、空いている時間を活用して習得するのであれば、自分のペースで学べ、また活用・発揮する場があることから、高い効果が期待できる。

○自分のペースでできるeラーニング

eラーニングであれば教材の動画をサーバーに保存し、社員が自分のパソコンやスマートフォン、タブレットなどで呼び出して受講できる。いつでもどこでも自分のペースで講義を受けることができる。これはeラーニングの最大のメリットであろう。次々に学びたくなるようなプログラムを用意すれば、長期にわたる受講で深い知識や技術を身につけることも可能になる。

テクニカルスキルのように、ある分野の知識を得たり、技術を身につけたりするのであれば、eラーニングのようなセルフデベロップメントが向いているかもしれない。特に、製造業や建設業では、ベテラン技術者の監修のもと、技術一つひとつについて短

時間の動画にまとめ、社員が自分のペースで学べるようにしたeラーニングで効果を上げている会社がある。

一方、eラーニングのデメリットは、コミュニケーションが一方通行になりがちなことである。何か疑問が生じても、研修の講師のように質問できる相手がいない。eメールやチャットなどで聞ける方法を設けたとしても、相手の表情を見ながらの会話で話題を深掘りしていくようなことは難しい。

eラーニングは、会社にとっては、社員がどのように受講しているのかが、はっきり分からないというデメリットもある。受講時、社員がログインをすれば会社は受講状況を把握することはできる。しかし、果たして真剣に学んでいるのか、ただ聞き流しているだけなのか——。顔が見えないだけに、受講者の真剣さの度合いまで知ることは難しい。

無数にある方法と組み合わせて最適なものを

OJT、OFF-JT、セルフデベロップメント、それぞれメリットとデメリットがあり、また、OFF-JTの研修に限っても、自社内でやるのか、外部に委託するのかで大きく環境は異なる。どのような階層を対象に、どのようなテーマで人材育成に取り組むべきか——。テーマと各方法のメリットとデメリットを見比べながら、最も効果的な人材育成の方法を選ぶ必要がある（図表4-3）。

○経営層に求められるコンセプチュアルスキル

経営者や経営層に求められるコンセプチュアルスキルの獲得を

図表4-3 OJT、OFF-JT、セルフデベロップメント、それぞれの意図と内容

	対象者	意図	内容
OJT	新人〜若手	即効性と再現性のある、業務上、必要なテクニカルスキルを学んで結果を出す	・先輩と同行 ・ロールプレイング ・テスト
OFF-JT	中堅〜管理職以上	概念や本質を理解する 普段の仕事の場を離れたところで、自らを変革、覚醒して行動を変える	・思考力 ・コンセプチュアルスキル ・アクティブラーニング ・リアルな戦略立案ほか
セルフデベロップメント	各自	専門知識をつけてステップアップする	・英語・簿記・IT・プログラミングなど

目指すならば、専門の知識や経験を備えた講師による研修が最適であろう。

コンセプチュアルスキルは、その概念や知識を学ぶだけですぐにそれが使えるわけではない。だが、研修の場を利用して、そこで実際に会社が抱えている課題をテーマにしたり、社内外の多くの情報を収集したり、整理したり、同じ立場のほかの経営層の人間とディスカッションをしながら、より問題を掘り下げていくことができる。同じ経営層で問題意識を共有したり、実際に中長期計画を立てたりすることも、研修の場を借りて進めることができる。不明な点があればすぐに講師にアドバイスを求められるのは、研修の大きな利点と言えるだろう。

特に、外部に講師やファシリテーターを依頼する場合、同業他社や業界全体、あるいは異業種の会社情報にも触れることができる。自社内だけの情報や議論だけで解決できないことも、他社の取り組みを知ることで、克服する方法や活路を見つけることができるかもしれない。

○講師の内製化

講師を内製化することで利点を見つけている会社もある。特に、最近増えてきているのが、社内のベテラン社員に、講師を務めてもらう方法である。

ベテラン社員は多くの知識や技術を持っているにもかかわらず、それを後輩たちに伝える機会は多くはない。そんな人たちにセカンドキャリアとして社内講師を務めてもらい、次世代の育成に関わってもらう。若手が育つだけでなく、講師を務める本人にとっても新たな働きがいとなるわけである。

懸念点があるとすると、知識や技術を保持し、社内の事柄に関しても造詣が深いが、「教えるプロ」ではない点である。そのためベテラン社員に「教え方を教える」など、講師やファシリテーターとしての知識やスキルを補完した運用が望まれる。

○研修の定着とPDCA

外部に講師を依頼したり、外部研修を利用したりするのであれば、それなりの予算が必要になる。また、OJTや研修を終えた後、受講者は身につけたことを活かして、現場で実践していかなければならない。効果をチェックし、それによっては、次のアクション、また別のアクションにつなげ、研修の効果を最大限に引き出し、定着させていく必要があるのである。

等級、役職、本人の成長度合いに応じた最適な人材育成方法を、メリットとデメリット、そしてコストパフォーマンスを見比べながら選び、研修後はPDCAを回すことまで考慮して、人材育成の体系をつくっていく。そこまでしてこそ、人材育成を仕事に直結

させ、定着させることができるのである。

正確な効果測定でPDCAを着実に回し続ける

研修のための研修に終わらせず、実践で役立つ研修にするために欠かせないのが、研修の効果測定である。そのために用いられているのが、アメリカの経営学者のドナルド・L・カークパトリックの四つのモデルである。

○アンケート調査

第1が、反応（Reactions）で測る方法。一般的によく行われているのがアンケート調査である。受講者本人に、理解度や満足度について項目を設け、回答してもらう。自由記述で答えてもらうこともある。

○学習

第2が、学習（Learning）で測る方法である。研修で学んだことをどれほど理解しているのか、小テストなどを実施して確認する。研修直後に実施することが多いが、研修を終えてからしばらく時間が経ってから行うケースもある。研修直後は記憶も鮮明で高得点を得られるが、1週間もすれば忘れてしまうことが多いためである。

○行動

第3が、行動（Behavior）で測る方法である。知識の取得だけ

では役立つものにはならない。実践してこそ、成果につなげられる。研修後、日常業務で学んだことがどのように行動に現れているのか——。上司が観察したり、研修後にしばらく期間を置いた後、受講者本人にヒアリングするなどして確認する。

弊社では、研修後、この「行動」の検証の依頼を受けることが多い。たとえば研修後、3カ月を経て再び受講者に集まってもらい、この間、どのように実践してきたのかをディスカッションする。実践できた——、しようとしたができなかった——、あるいは、そもそも実践しようとしなかった——。いろいろな回答が得られるが、それぞれ理由を話し合い、実践できる方法を探る。最後は実践して効果を上げた社員をクローズアップして、受講者全員でその経験を共有できるようにする。

たとえば、若手社員を対象にしたホウレンソウ（報告・連絡・相談）のための基礎研修では、研修後、しばらく期間を置いてから、本人にインタビューを試みる。「はい、実践しています」と、まず結論から口にするのであれば、研修の成果があったことが分かる。続いて、「それは、たとえば三つの場面で実行しています」と具体例があがればさらに良い。

○結果

第4が、結果（Results）で測る方法である。研修を受け、実践したことで、現実にどれだけ成果を上げたのかを測る。営業の担当者であれば、売上や利益、新規顧客の開拓件数などを測定し、製造の担当者ならば、生産性向上の率、あるいはコストダウン額など、数値で測定していく。

結果が数値で把握できれば、それを受けての次のアクションにもつなげやすい。まさに仕事の一貫としてPDCAを回し続けることができる。そうすれば、仕事の質は向上し、業績も上がっていくであろう。

新人にこそ組織風土、組織文化の伝承を

　研修の効果について、特に新入社員と管理職を例に見ていきたい。

　新入社員に向けての研修は、一般的に社会人としてのマナー研修のほか、多様な研修がなされていると思うが、ここで特に、新入社員にこそ自社のDNA継承のための研修を計画的に行うべきだと強調したい。

　初めて社会に出て最初に経験（新卒新入社員としての会社での経験）したことは、生涯、その人にとって仕事の基本になる。いわば真っ白な状態で入社し、なんでも吸収してやろうと強い意気込みを持っている新入社員は、自社の組織風土や組織文化についてよく理解し、自分のものにしてくれるはずでもある。

　OJTの説明の際に、先輩社員が新入社員を指導する事例をあげたが、そのような一対一の人間関係により、早くから組織風土、組織文化に触れる機会をつくる。OJTを行いながら、その合間に先輩と新入社員が、会社について――良いところも悪いところも含めて――あれこれ語れる場や時間をつくる。決して堅苦しいものではなく、単なる噂やそれに尾ひれがついた話、まことしやかな武勇伝が気軽に取り上げられても良いであろう。

また、古い言葉であるが、新入社員に「同じ釜の飯を食う」経験をしてもらうことも有効な手段になる。研修を用いて特別な場づくりを行うのである。あるテーマでグループディスカッションを行えば、解決策を考えるために、一緒に知恵を絞る経験を通してチームワークが築かれるだろう。日中の研修後、夜は交流できる場も設ける。この場合は、夜遅くまで飲み明かす経験も一体感を醸成するのに役立つ。

　昨今"ゆとり教育"や"ワークライフバランス"など、会社主導というよりも、個人に軸足を置いた個人主導のキーワードが、人材マネジメントの領域でもテーマになることが多い。前述したような「同じ釜の飯を食う」や「飲みにケーション」、「朝まで仕事について語り明かす」などということは、いまとなっては時代遅れなのかもしれない。ただ一方で、こういった取り組みや考え方が、社員の知識やスキルの習得を促し、強くたくましい社員や会社をつくってきた事実もある。時代の流れや変化とともに、取り組み方の変化はさせつつも、こういった会社と社員の関係、また上司と新入社員の関係を、どのようにつくっていくかを考えていく必要もあると言えるであろう。

　新人を指導する立場の上司も、マナーや仕事のスキルばかりでなく、組織風土、組織文化を伝えることを強く意識して新人指導にあたるべきで、そのための管理職向けの研修も必要である。

管理職ならマネジメントの研修は必須

　管理職のための研修もまた、重要である。

あちこちの会社でよく見られるのが、プレイングマネジャーの管理職である。部下を持ってそのマネジメントを行いつつ、自らも目標やノルマを持ち、プレーヤーとして活躍する人たちのことを指す。日本の管理職の約90〜95％がプレイングマネジャーであるというデータもあるほどである。

　日本の会社の場合、プレーヤーとして実績を上げた人が、それを認められて管理職に昇格する例は多い。管理職になった後も、課や部の責任を負いつつ、それまでの延長で自らもプレーヤーとして動き続ける。

　経営層にとっては、優秀なプレーヤーならば、部下にもきっと自分の経験やスキルを教え、部や課全体の成績を上げてくれるに違いないと期待する。だが、現実はそれほど簡単ではない。

　自ら好成績を上げなければならないプレイングマネジャーは、部下へのマネジメントがおろそかになりがちである。課や部全体の成績は上がらず、ならばと、さらに自分独りで頑張ってしまうケースが少なくない。

　だが、やがて疲労がたまり、「俺がこんなに頑張っているのに、お前ら何やってるんだ！」と愚痴のひとつも出れば、部下との関係は悪くなっていく。課や部全体の成績はさらに落ち、悪循環に陥っていくのである。

　「名選手、名監督にあらず」の言葉を持ち出すまでもなく、プレーすることとマネジメントすることは全く異なる。別の能力が求められているのである。管理職に昇格したのであれば、全く新しい仕事に臨むつもりで、気持ちを切り替える必要がある。管理職の役割は、チーム全体の成績を上げることである。チームの構成メンバーである部下一人ひとりに目を配り、目標に向かっていける

環境を整え、動機づけをしていく。

プレーヤーとしてもマネジャーとしても、どちらもできる優秀なスーパー人材も存在するだろう。だが、誰もが完璧にできるわけではない。管理職になった時は必ずマネジメントを学び、同時に、考え方も切り替えていく。そのために研修を開催する、参加させる意義は大きい。会社全体にとっても、管理職の役割を再認識する大きなきっかけにもなる。

中途採用者の戦力化も人材育成で

研修には、ほかにも効果的な使い方がある。たとえば、中途採用者を戦力化するための研修が考えられる。

転職が一般的になったいま、どこの会社でも中途採用者が存在する。だが、その中途採用者たちの周囲の環境を見ると、必ずしも適切ではないように感じることは少なくない。実際に、「どうも馴染めない」、「周りの人は腹を割って話してくれない」などと、中途採用者本人からの悩みも聞こえてくる。

中途採用者は即戦力として採用しているであろうが、新入社員と変わらない"組織の壁・意識の壁"のようなものを乗り越えられないでいる者も少なくなく、その結果、成果に結びつく仕事がし切れていない場合もあるのである。

弊社では、人材紹介事業も営んでおり、登録者の中には何度も転職を繰り返している人もいる。最初の会社は5年前後勤めたが、2社目になると2〜3年になり、3社目では1年、半年と、だんだんサイクルが短くなっていく傾向が見られる。これらの経験して

きたどの会社においても、誰に話しても恥ずかしくない、一定の成果や結果を残しているのであれば良いが、残念ながらそうでもないケースのほうが多い。

だが、このように転職を繰り返す背景には本人だけの問題ではなく、受け入れる会社のほうにも原因がある場合もある。中途採用者が定着しない多くの会社では、中途採用者を「ほったらかし」にしている実態もある。

中途採用者なのだから"即戦力"として期待されて入社してきたはず——仕事はできて当然——こちらからは何もする必要がない——このように考えている受け入れ部署の責任者も少なくない。

中途採用者を研修やトレーニングで馴染ませる

いくら過去に実績がある中途採用者であっても、違う環境に置かれれば初めてのことはいくらでもある。初めて取り組む仕事もあるであろう。中には、経験の浅い中途採用者もいるだろう。知らないことは数多くあるのに、誰も手を差し伸べようとしない。

仕事ばかりではない。組織風土や組織文化に馴染めない中途採用者も多い。仕事はこなしているのに、なぜか周りの人から「よそ者扱い」され続ける。こうして孤立感を深め、辞めてしまう人が少なからずいるのである。非常にもったいないことである。

そこで検討したいのが、中途採用者を会社に馴染ませるための研修やトレーニングである。これらは中途採用者だけでなく、場合によっては受け入れ部署の責任者（またメンター）を対象に行

うべきとも言えるであろう。

　まず、入社前に、会社の組織風土や組織文化、カラーについて説明し、理解を求める研修会や説明会を開く。入社してから思っていたのと違っていたとならないよう、あらかじめオープンに会社の実態を伝えておくのである。

　入社後は、しばらくの間、メンターをつけることが理想的である。新人のOJTのために先輩社員をつけるように、中途採用者にも、会社に馴染むまでの間、世話役をつけて面倒を見させるのである。

　仕事ではもちろん、組織風土・文化の違いから行き違いが発生した時は、中途採用者の考えを一方的に否定せず、受け入れるようにする。そして、その後、自社の文化・風土への理解を促す。否定した途端に生まれるのは、対立感情だけである。

　中途採用者を活かすためにも、受け入れる会社側がヒューマンスキルを発揮する必要があるのである。そのために、中途採用者を受け入れる部署の責任者や主要メンバーのヒューマンスキルを磨く必要もあるであろう。

　こうして、入社前の研修、メンターによるOJT、受け入れる側のヒューマンスキルの研修などによって、中途採用者は本来の力を発揮できるようになる。結果、中途採用者の戦力化が可能になるのである。

　中途採用者の受け入れ体制については、執筆時点では、まだ、どこの会社もあまり関心を払っていない。これは、これまで採用計画や人員計画を、新入社員の採用において満たしている場合が多いからではないだろうか。しかしこれから、少子高齢化が進むとともに、中途採用者のウェイトも高くなっていく。場合によっ

ては、すでに新入社員と中途採用者の入社者の数は逆転しているかもしれない。いち早く取り組むことで、競合他社に差をつけることができるに違いない。

スペシャリスト志向で人材の活性化を

研修の活用方法として、もう一つ期待できるのが、スペシャリスト志向で人材を蘇らせることである。

会社に管理職として昇格していく道しかないのであれば、そこから外れた社員のモチベーションの低下は著しい。

だが、会社では誰もが管理職になれるわけではなく、また、向いているわけでもない。人づき合いが苦手で、管理職には不向きな人であっても、非常に高い技術を持っていたり、ある分野の能力が抜きん出ていたりすることはある。つまり、その人たちが、真価を発揮する道をつくるのである。

これまで弊社でも、キャリアチェンジの支援のための研修を多く行ってきている。一定の年齢に達した社員や、ある程度の勤続年数を経た社員に対して、自己発見を促す研修である。

そこでは、自分の強み、弱みは何なのか、スキルの棚卸しをした上で、今後はどうあるべきなのか――、どうしたいのか――など、将来を考える時間をつくる。

ひと口にスペシャリストと言っても、その幅は広い。一つの分野の知識が豊富だったり、高いスキルを持っている人材を指すだけでなく、長年の経験により、社内ばかりでなく社外に広く人脈を持ち、会社をまたぐようなマネジメントができる人材もスペ

シャリストであるといえる。

こうして管理職として昇格していく道とは別の、独特の道をつくっていく。あらゆる角度から自分の活かし方を探りながら、スペシャリスト志向で人材を蘇らせるのである。

前段では、研修を内部講師で行う例をあげたが、それも一つの道だろう。豊富な知識、経験、高い技術を持つベテランたちが、それらを伝えるための講師となれば、後輩や会社にとって有効であるだけでなく、何より本人の働きがいをつくることができる。

もちろん、特別な道をつくることは、キャリアパスをいくつか設定するなど、人事制度そのものを見直す必要がある。そのため、大掛かりな改革になる可能性はあるのだが、本気で取り組めば、これら特別な力を備えた社員に敬意を払う組織風土や文化も生まれ、それによって社内はさらに活気づけられるに違いない。取り組む意義は大きい。

全社員が持続できて、成長できる育成体系を

新人教育、管理職研修、中途採用者向けの育成、そしてスペシャリストの活性化……。研修が効果を発揮する例をあげてきたが、これらは人材育成のごく一部に過ぎない。

人材育成を企画し、実践する人事部門の立場に立てば、全社員がその能力をフルに発揮できるよう、全体を見渡しながら人材育成を体系づけていく必要がある。

そのため、まず、対象とする社員をいかに分類するかを検討する必要があるだろう。

一般的によくあるのが、入社年数で分ける方法である。入社直後は新人研修、以後、半年ごと、あるいは数年ごとに、同期の社員が集まり、研修を受ける機会を設ける。

　入社から数年は誰もが同じような立場で仕事をし、そこでぶつかる問題や悩みも共通しているため、集合研修が有効である。だが、入社から年月が経つにつれ、同期の社員であっても部署や役職で仕事の内容は異なっていき、抱える課題もまた独自のものになっていく。

　そこで次に考えなければならないのが、事業部ごとに分かれての研修だ。たとえば、営業販売や品質管理、労務管理など、部署によって求められる知識やスキルについて学べるようにする。課や係などさらに小さな単位で学ぶ場合もある。内容によっては、研修ばかりでなく、OJT、個人で学ぶeラーニングのような手法も有効だろう。

　そのほかに、コミュニケーションや、リーダーシップ、ロジカルシンキング、コンプライアンスなど、テーマごとに専門を深める研修も有効である。また管理職や次世代の幹部候補を対象に、問題解決や経営分析、戦略立案などをテーマにすることもある。

　対象者を分類すると、そこには必ず「あるべき人材像」が存在する。入社数年目の「あるべき人材像」があれば、それからまた数年後の「あるべき人材像」。また、管理職としての、営業としての、エンジニアとしての「あるべき人材像」がある。

　「あるべき人材像」は企業理念をはじめ上位概念から導かれるもので、育成もまた、上位概念としっかりと結びついていることを常に念頭に置く必要がある。

　「あるべき人材像」をモデルに、人材育成は単発で終わらせず、

必ず継続させていくようにする。一つの階層の研修を行えば、次にはその上の階層の研修を位置づける。社員にとって成長する道筋が見えるようにするのである。

また、行った研修については、内容が本当に身についているのか——職場に定着させているのか——仕事に活かされているのか——といったポイントを定点的に追いかけていく。

人材育成体系は、多くの会社ですでに存在している。だが、効果測定や実際に仕事に活かされているかどうか、フォローし切れている会社は少ない。人材育成体系はつくるだけでなく、しっかり運用していくことが重要であろう。

○研修を実施する上で最も大切な"目的の明確化"

また個々の研修を実施する際に最も大事なことは、研修の目的を明確にすることである。たとえば、職場でよく問題視され、研修のテーマにもたびたびあがるコミュニケーション。職場で何か問題があれば、全てコミュニケーションの問題とされてしまうほど、都合良く使われている。しかし、このコミュニケーションという言葉一つとっても、実際に意味するところは実に多様だ。

新人にとってのコミュニケーションとは、伝えるべきことを上司や同僚、また顧客に伝えるための能力のことを指すだろう。一方、管理職にとってのコミュニケーションとは、部下から真実を引き出す傾聴力のことかもしれない。あるいは、取引先との交渉力を指すこともあるだろう。役員など経営層にとってのコミュニケーションのあり方は、社員から意見を吸い上げたり、組織を活性化するための、ファシリテーションの能力の一つであろう。

このように、コミュニケーションは立場によって異なる意味を

持つ。人材育成でコミュニケーションをテーマにあげる時も、どういう立場の社員が、何について学ぶのか。目的をクリアにする必要があるのである。

会社によっては、研修を弊社のような外部の専門会社に依頼することも多いはずだ。研修を外部に依頼する際には、表面的なテーマに沿った研修を提案してくる会社なのか、依頼内容を具体的に掘り下げ、目的を明確にした上で必要な研修を提案してくる会社なのか。そこで、その会社の力量を測ることもできるだろう。

たった3回の研修で意識は大きく変わる

最後に、研修で非常に効果を上げた事例を紹介したい。

ある会社では業績が伸びずに悩んでいた。復活を期して計画を練り、アクションプランまでつくり上げたものの、達成されないまま行き詰まってしまっていた。

より実効性のある精緻な計画をつくり、再起を図りたい。そこで弊社に声がかかり、管理職向けの研修を実施することにした。管理職とは部長職の15人。この15人を対象に研修を開くことにしたのである。

講師として最初に演壇に立った時の印象は、受講者の誰もが「他責」の念が強い、ということだった。

会社の業績悪化は、当然、受講者の誰もが理解していた。だが、その理由を尋ねると、市場の環境が厳しい——、競争相手が出てきた——など、原因は外にあり、自分たちに責任はないという、まるで他人事のような姿勢が明らかであった。

そのあたりに問題があると感じつつ、研修では、5人のチームを三つつくり、ワークショップ形式で、会社の現実の課題を取り上げていくことにした。

　各チームで会社の現状を分析し、自社の問題、課題を洗い出していく。それらの課題解決のための策を練り、最後は、自分たちの事業部の計画を形づくる。具体的な数字にまで落とし込み、さらに各部を構成する社員それぞれのアクションプランまでつくっていくのである。

　朝10時から夜6時まで丸1日研修を行い、終了後は、2週間の間隔を置いて、再び丸1日の研修を開く。それを計3回繰り返した。研修と研修の間の2週間で、学んだことを実行し、実際の仕事に役立てていけるようにと計画した研修であった。

　だが、当初はまさに「他人事」の感覚の無気力な議論が続いた。ファシリテーターを務めた私は、自分は外部の人間ではあるが、この場にいる以上、みなさんと同じメンバーとして会社の課題を背負い、その解決にあたっていくと告げ、研修中は再三再四、「これは研修ではなく、会社を立て直すための"仕事"である」と強調した。

　それでも初日は、ぬるま湯のような感覚から抜け出せずに終わり、2週間後、2回目の研修を開始した時も、課題に取り組んできた受講者はほとんどいなかった。再び緊張感を欠く研修が続くのかと思われた時、立ち上がったのがその会社の社長だった。初回の研修から会場の後ろに席を取り、様子をつぶさに見ていたのである。

　「お前らが変わらんでどうする！」

悲壮な面持ちで壇上から訴える社長の姿に、受講者がハッとする様子が私にも分かった。このままではいけない——、変わらなければ——。社長の必死の訴えに誰もがそう思い始めたのだ。

　以後、受講者たちの姿勢に変化が現れた。議論は真剣になり、アウトプットされる内容は質の高いものに変わっていった。最終回の3回目も丸1日かけて議論が続き、最後には非常に具体的、かつ意欲的な計画とアクションプランができ上がった。

○経営者が覚悟を決めれば、研修はうまくいく

　3カ月後、たまたま別件でその会社を訪問する機会があったのだが、その後も会社は大きく動いていた。研修で練り上げた計画やアクションプランを実行していったところ、現実に大きく数値を回復させた部署が現れたという。受講者だった部長たちが自分たちの部署に戻って趣旨を説明すると、賛同する社員が現れ、物事が大きく動き出したというのである。

　経営者は"腹をくくって"社員を研修へ送り出す。その覚悟が受講者に伝わった時、意識変革が始まる。

　たった3回の研修だったが、会社は大きく変わった。研修とは、人材育成とは、本来はそれほど大きな力を秘めたものなのである。

Chapter 5

人事が担う業務と
あるべき人材像

人事の仕事とは
──社員一人ひとりの力を引き出すこと

　人事部門が担う仕事とは、現実にはどのようなものなのだろうか。また、人事部門にふさわしい人材とはどのような人材なのだろうか。

　人事の仕事は、言うでもなく会社の活動のためにある。「企業理念」に基づき「経営理念」が定まり、計画が策定され戦略が決まる。そしてさらに、事業部単位に細分化された事業計画と事業戦略が決まり、実行されていく。

　人事の仕事とは、これらの計画を実現するために、社員という"人"に働きかけ、その人を動かし、そして組織を動かしていく仕事である。

　経営資源として「ヒト、モノ、カネ、情報」の四つがよくあげられるが、その筆頭に「ヒト」が位置づけられることからも分かるように、ヒトは、会社にとって最も重要な資源であり、会社を構成する重要な要素なのである。

　そのヒトを活かすために、採用し、等級を定めて適材適所に配置し、「あるべき人材像」を目指して体系立てて育成を行う。そして、その働きぶりを評価制度により評価し、評価に応じた適切な報酬を支払う。そして、さらに次の目標を定め、動機づけていく。

○人材マネジメントの入口：採用

　社員の力を最大限に引き出し、最高のパフォーマンスを得られるよう、環境を整え、ヒトに関連する制度や体系を整備し、必要な諸手続きまで行うのが人事の仕事である（図表5-1）。

図表 5-1　人事部門が担う仕事の全体像

　人材マネジメントの入口は採用である。採用は、人事の仕事として理解しやすい業務であろう。たとえば、既存の事業を進める上で、業務量が多くなって人手が足りなくなった――、新たな事業を展開するため、経験のある人材がどうしても必要になった――。ほかにも、会社の成長フェーズによっては、たとえばIPO（株式公開）の準備のため、通常の業務とは別に人手が必要になる、ということもあるだろう。

　人材が不足している部署の仕事の内容や、新たに立ち上げる事業に必要な人材の要件を明確にし、新卒採用、中途採用など、それぞれ最適な方法で仕事の内容や人材要件を発信し、説明会や面接を行う。そうして最も適切な人材を確保する。それが採用活動

である。

　最近は、給与や残業、休暇などの処遇だけではなく、特に働きがいにこだわる人が増えてきた。会社が何を目指しているのか、社会にどう貢献していくのか——、社会の公器としての会社について深く突き詰める人が増えてきている。

　人事担当者は、自社の現在の事業内容についてはもちろん、企業理念やビジョンについても熟知し、将来会社がどのように変わっていくのか、会社が目指すところを分かりやすく、的確に伝えることも求められる。

○採用後の仕事：人材の配置

　採用した後は、人材の配置を考えていくことも人事の大事な仕事である。最大限に力を発揮してもらえるよう、その人の知識、スキル、経験などを把握し、最も適した部署へ配置する。適材適所を実現していくわけである。その後も、ヒトという経営資源が最大に有効活用されるよう、人事制度を運用していくのである。

　「事業計画」を、事業部単位、あるいは各課単位の目標に具体化し、さらに一人ひとりの社員の等級に応じた目標に落とし込んでいく。仕事が始まれば、目標に対してどれほど進んでいるのか、定期的に進捗度を「評価」し、その「評価」に応じて「報酬」を支払う。「等級」「評価」「報酬」からなる基幹人事制度を動かすことで、会社が目指す目標に沿った計画や戦略を実現するのである。

　評価は報酬に直結するため、適正に運用されなければ不平不満の原因になり、社員の仕事へのモチベーションを下げてしまうであろう。実際に評価を行うのは上司であるケースが多いが、それ

が適切に行われているのか、個人的な感情や感覚によって評価が左右されていないか、バラつきは大きくなっていないか。それらをチェックしつつ、公正で公平な評価を実現していくことも人事の仕事である。そのために、評価者である管理職の社員を集めて、評価のための研修を行うこともある。組織や人材に求められる機能や役割を正しく機能させていくために、研修や人材育成も重要になってくる。

◯人材育成

次に人材育成である。各社員が仕事をこなしていくための知識を習得したり、スキルを磨くための研修などの人材育成を進めていくことも人事の仕事である。等級ごと、役職ごとなど、階層や職種などに分かれた研修を計画する。それぞれの社員が持つ現在の目標の達成を支援するだけでなく、社員が将来、どのような仕事をしていきたいのかをヒアリングしながら、長期的な人材育成を図っていく。

人材育成の方法は、研修に限らず、多様にある（Chapter 4参照）。等級や役職、あるいは目的に応じて、OJTなのか、研修のような形を取るのか――。また、研修であれば、社内講師による研修か、社外講師を招いての研修にするのか――。あるいは、他社の受講者とともに学ぶ、外部で開催している研修へ社員を送り出すのか――。受講者本人はもちろん、その上司とも相談の上、計画して実行していく。最も目的に合致する人材育成の形を選びつつ、コストパフォーマンスも考慮しながら、短期的に、長期的に会社が求める人材を育成していくのである。

正確さ、厳格さ、緻密さが求められる人事部門の仕事

　前項では、比較的分かりやすい「採用」「評価」「育成」などについて少し触れた。ここからは労務を入口に、人事部門が担っている仕事をいくつか紹介していく。ここから紹介する各業務は、「採用」「評価」「育成」などとは異なって地味ではあるものの、いずれも重要かつ不可欠な業務である。これらの業務が行われていないと、会社は社員からの信頼をなくすとともに、組織活動が止まると言っても過言ではないであろう。

○勤務管理・勤怠管理

　会社の社員管理のうち、最も基本となるのが勤務管理である。勤務管理とは、社員が仕事に従事している状況や状態を管理することであり、社員管理の最も基本となる管理である。

　そして、その勤務状況や状態を、定量的に管理しているのが、勤怠管理であろう。社員ごとに毎月の所定勤務を設定し（年間カレンダーでの勤務の場合は年間）、その所定勤務に応じて、いつ出退勤し、いつ休暇を取得しているかを管理する。

　原則的に、勤務管理は現場のマネジメント（管理監督者層）が行うため、勤怠管理も現場マネジメントが主管になる。勤怠管理は給与計算に影響するため、月末（月締め）の勤務確定と勤務集計を正確に漏れなく行う必要がある。この業務は、現場マネジメントがしっかりしている会社には負担感が少ないが、現場マネジメントの勤怠管理がずさん、あるいは勤務体系が複雑、勤怠管理が適切なシステムで運用されていないなどの状況である場合、人

事部門にとって非常に手間のかかる煩雑な作業になる。しかしながら、勤怠管理は極めて正確に行うことが求められるため、手が抜けない。

○給与計算

給与計算は、非常に複雑な仕事と言えるであろう。給与とひと口にいっても、基本給のほかに、残業などの時間外勤務をはじめ、出張手当など必ず毎月変動する部分がある。勤怠データをもとに残業時間を計算し、給与として付与する。営業手当のように成績に応じて額が増減する報酬もある。また、昇格があれば、基本給そのものも変わる。さらに社員が結婚したり、引っ越しをしただけでも、税金や各種手当や税務区分が変更(扶養の変更など)する可能性がある。それらを全て把握して給与を計算する。

その後、所得税や住民税などの税金を計算し、健康保険、厚生年金、雇用保険などの社会保険料の支払い分を差し引いた額を、毎月、遅れることなく社員の口座に確実に振り込むようにする。

社員にとっては、給与を受け取れることは当然のことであり、額に間違いがあったり、支払いに遅れが生じれば、事故と認識される。さらには、会社の経営が危ういのではとの疑念を生むことにもなりかねない。給与計算は100点を取って当たり前の業務なのである。複雑な計算を正確に行い、期限も厳格に守らなくてはならないため、非常に緻密さが要求される仕事であると言える。

○社会保険手続及び福利厚生

社会保険と総称される、健康保険、厚生年金保険、労災保険、雇用保険などの法定福利やそのほかの関連する保険の手続きを行

う。これらの法律で義務づけられた法定福利以外に、会社が任意で設定する福利厚生もある。法定外福利である。法定外福利には、通勤交通費・住宅手当・社宅の提供といった代表的なものから、社員食堂やレクリエーション施設の設置、医療施設の併設、保養施設の確保など多岐にわたる。この福利厚生も、「企業理念」などの上位概念や戦略から設計される。昨今のIT関連会社では、無料の社員食堂を設置したり、社員の家族も使える社内施設を設置するなど、手厚い法定外福利厚生を設計する例も少なくない。

このように、会社独自の福利厚生制度の整備により、社員は安心して働くことができ、家族も生活が充実するようになる。これらの設計を行うのも人事の仕事である。

○各種制度の整備・改善

「等級」「評価」「報酬」を中心とした基幹人事制度の適正な運用は、社員の仕事に対するやる気を上げ、組織への貢献心(エンゲージメント)の強化にもつながるであろう。また、こういった制度だけでなく、就業環境の整備も、安心や安全を担保するとともに、働く意欲の醸成にもつながっていると言える。

こういった制度や環境の整備・改善は、会社が独自に行うものもあれば、法律の改正に伴って行われるものもある。労働基準法をはじめ労働安全法、労働者災害補償保険法、雇用保険法など多岐にわたり、小さな改正は頻繁になされていく。そのたびに関わる自社の制度の見直しが必要になる。法律そのものの理解はもちろん、法改正などの動きを注視し、遅滞なく対応するのも人事の大事な仕事である。保険や年金、税金に関する知識とともに、身につけておく必要があるだろう(図表5-2)。

図表 5-2　人事部門が知っておくべき法令一覧

労働関係法の名称	概要
労働基準法	労働条件について
労働組合法	労働組合との交渉について
労働契約法	労働契約の締結・変更について
労働安全衛生法	健康診断など安全面・健康面の体制づくりについて
労働関係調整法	労働紛争の予防策や解決策について
パートタイム労働法	パートタイマーの採用・労働条件について
障害者雇用促進法	障害者の採用・労働条件について
労働者災害補償保険法	労働災害の発生時について
労働者派遣法	派遣社員の活用について
高年齢者雇用安定法	高年齢者の採用について
育児・介護休業法	育児休業・介護休業について
男女雇用機会均等法	性別を理由とする募集・採用の差別の禁止について

○社内相談窓口

　人事部門の仕事として最近、特にクローズアップされてきているのが、社員からの相談窓口業務である。メンタル不調、ハラスメント、プライベートのトラブルなど、さまざまなトラブルに見舞われた社員の相談窓口を担うのも、人事の大事な仕事である。社員が躊躇なく駆け込める、また相談できる窓口になれるかどうか、それが肝要である。働く人の悩みの9割は人間関係によるとも言われている。人間関係についてのトラブルは、双方に言い分がある。そのため両方からじっくりと話を聞いた上で判断する必要がある。秘密を守りつつ、しかるべき対策を講ずる。

　最近は、社員がうつ状態になるなど、メンタル面での事案も多

い。その相談に乗り、適切な対応を取ることも人事の大事な仕事である。明らかなトラブルとして現れていなくとも、職場には問題が隠れている場合も多い。常に現場に目を向け、わずかな兆候も見逃さないことや、適切な距離を保ちながら、社員と経営側の両方の視点から、起きている事象の意味を判断し、職場で不足していること、求められていることを敏感に感じ取ることも、人事に求められている能力だろう。

現実は多忙、一人で何役もこなしながら

こうして人事部門の仕事を見ていくと、働く社員にとっては、いずれも必要不可欠な機能を担っていることが分かる。あって当たり前だが、なければ社員がたちまち道を見失う。組織のインフラ的な役割とも言える。

そして、現実の人事部門は非常に多忙である。大企業などそれなりの人員や予算を持てるのであれば、採用ならば採用、給与計算ならば給与計算のみと業務も分担され、それらに専念していけば良いであろう。

だが、特に多くの中小企業では、一人で何役もこなしている人事担当者は多い。通常、人事部門の人員は全社員の1％程度と言われている。100人の規模の会社ならば人事担当は1人。それ以下ならば、経理や総務、さらに法務関係の仕事と兼任しながら人事の仕事も担っているわけである。

人事部門を担う社員は全社員の1％程度。つまり、ごく少数の

社員に人事・労務の仕事が集中する。そして、そのごく少数の社員で担当しているがゆえに、仕事は"属人化"しやすい。同じ社員が人事に何十年も携わっている例は少なくない。

○あらゆる状況で活躍する人事経験豊富な担当者

人事経験が豊富な人事担当は、全ての社員を熟知し、社内の隅々にまで目が届く。職場で起こりがちなトラブルの芽を見つけて素早く対処したり、職場に行き届いていないようなことがあっても、すぐに気がつき、対策を立てる。

同時に、経営者の考えも良く理解し、人事制度を運用していく時も、それが企業理念やビジョンに沿っているのか――。経営者が日頃口にしていることと矛盾がないか――。また、社員に課せられた目標に曖昧なところがないか――。企業理念が画に描いた餅にならず、また、人事制度が社員にとって真に納得できるものになるように構築・修正していくのである。

○属人化からシステム化・アウトソーシング化へ

ここまでの業務範囲をこなしていないまでも、中小企業ならば、社内に"この人が抜けると人事が回らない"というような"社内の人事のプロ"がいるのではないだろうか。この人事のプロに聞けば、社内の人材についてはなんでも答えてくれる。配属はもちろん、評価も、それに伴う昇格や昇給も任せておけば良い。社員にとっても、経営者にとっても非常に頼りになる存在である。

だが、それゆえに人事の仕事が集中して、その人以外は人事の仕事ができなくなってしまうケースも少なくない。この状況が続

けば続くほど、人事の仕事はブラックボックス化してしまうのである。

特に人事は、社員についての秘密情報を扱うことから、余計なことを話さなくなり、外からは何を考えているのか分からない存在にも見えてしまう場合も少なくない。人事に携わる担当者本人にとっても、ほかの仕事を希望しても異動がかなわず、十数年、あるいはそれ以上の期間、同じ人が人事の仕事を続けているケースもある。すると、担当者本人にも閉塞感が生まれ、将来のキャリアを考えて転職を考えるようにもなる。これは非常に不健全なスパイラルを生む。

「属人化」を是正するためにも、また人事担当者の退職リスクを避けるためにも、検討すべきなのが、人事の仕事のシステム化やアウトソーシング化である。労務関係の仕事ならば、社外の社会保険労務士に、法務関係ならば弁護士や司法書士などの専門家に相談することで、社内の仕事の削減を図るとともに、外部でも回せる環境をつくる。

代表的な例でいうと、給与計算のアウトソーシング会社である。人事業務の中でも負担の大きな給与計算業務を軽減することで、採用、育成、配置、定着などの、本来人事部門が担うべき企画の仕事に向き合うことが可能になる。

アウトソーシングは、採用においても進んでいる。新卒採用を代行する会社では、会社の人事部門に代わって、各大学や研究室を回ったり、説明会を開くなどして応募者を集める。また、中途採用では、すでに多くの会社が人材紹介企業を利用していると思われるが、これも一つのアウトソーシングの形態と言える。アウトソーシングを活用すれば、社外のノウハウを活用しつつ、社内

のナレッジを外部に蓄積することができる。また、労力を削減できるだけでなく、給与額など人の目に触れさせたくない情報を社内の目から守ることも可能になる。また、人事コンサルティング会社を活用すれば、人事関係の最新情報や技術、システム、あるいは他社や他業界の情報を取り入れることも可能になる。

人事部門の仕事は、専門的な仕事が多く、中途社員を配属しがちである。しかし、自社独自の企業理念をはじめとする上位概念から人事の仕組みをつくり、社内に浸透させていく観点から考えると、若手の新卒社員を投入するのも有効である。人事部門に若手社員を投入して、社内をつぶさに観察するように指導して、社員が置かれている立場を理解するようにし、一方では企業理念をはじめ、会社の方針を理解し、それを自分の言葉で表現できるように教育する。またさらに異動を計画的に行い、人事部門だけでなく、他部署も経験できるようにすれば、広い視野を持った人事の専門家を育成することも可能になるだろう。

人材育成は人事部門にとって大きな役割であるとともに、人事部門の人材育成もまた、多くの会社にとって重要な課題だろう。

「良き人事担当者」像と人事の仕事のやりがい

ここまで人事部門の仕事について触れてきた。では、人事担当者とは、どのような人材がふさわしいのだろうか。ここからは人事部門にとっての「あるべき人物像」——「良き人事担当者」像を整理してみよう。

○コミュニケーション能力

　良き人事担当者は、誰とでも気兼ねなく接することができ、円滑なコミュニケーションを取れることが求められる。コミュニケーションを取る対象は、社内では新入社員から経営層や労働組合の委員長、また社外においても学生から中途採用応募者まで、その対象層の幅は広いと言える。そのため、物事を相手に分かりやすく伝えることはもちろんのこと、相手の話を聴く力も求められると言える。

○対人関係能力

　人に対する得手不得手はなく、仮にあったとしても決して表面には出さない。たとえば会社に対する不平不満であっても、安心して話すことができる。このような対人関係能力もまた、良き人事担当者に求められる一つの能力であろう。トラブルに遭遇した社員が躊躇なく駆け込める窓口になれているかどうかは、一つのバロメーターになるだろう。

　また、普段は社外とはあまり接点のない人事の仕事だが、採用では「会社の顔」として応募者と最初に接することになる。入社を希望する求職者にとっては、人事担当者は最初に出会う「会社の顔」であり、そこで印象が良ければ、その後の採用活動に良い影響を与えるだろう。だが、印象が悪ければ、会社全体のイメージを損ない、採用がかなわなくなるばかりか、会社そのものの評判が落ちる可能性もある。いまはSNSでたちどころに情報が飛び交う時代である。話に尾ひれがついて、評判を落とす事態にもなりかねない。

○洞察力・察知力

　社員が置かれている状況や環境を見抜く力も、良き人事担当者に求められる力である。たとえば、仕事がしやすい職場になっているのか──、物理的な面ばかりでなく、上司との関係、同僚、あるいは部下との関係など、人間関係は良好か、問題があるのか──、などを洞察し、察知することができる。社員が抱えている問題を敏感に察知し、退職という残念な形で大切な人材が散逸するのを防止する。あからさまな問題として現れていない事象であっても、社員の表情や仕草に助けを求めるサインは出ていないか──、兆候が見当たらないか、などにも気を配り対処するのである。

　また、このような対人面における洞察力・察知力だけでなく、ほかの側面においても、この洞察力・察知力は求められる。たとえば、労働関係法令の改定に伴って、自社の制度は対応・適応しているのか、抜け漏れはないかなどといった業務における洞察力や察知力である。人事の仕組みには、法改正などに伴って、変更すべき箇所が連動して出てくる場合が多々ある。今回の法改正ではAの修正が必要だ──。ということは、BとDの修正も必要になってくる──。など。

　現在の人事の状況を把握した上で、洞察力や察知力を発揮し、事前に対処することが求められる。この事前に対処する姿勢が、人事部門の安心感にもつながるのである。

○正確性・厳格性

　毎月の給与計算、税金、保険料などの計算を間違うことなく正

確に行うこと、またそれらの仕事を期日までにやり切る厳格な期日管理が、人事担当者には求められる。人事の仕事に限らず、どのような仕事においても、仕事の正確性や期日に対する厳格性は必要であろう。ただ人事が担う、給与計算や税金、保険料などの計算においては、"正確で当たり前""期日を守って当然"といった認識が会社や社員にあるとともに、最低限それらがあるからこそ、安心して働ける環境であるとも言える。つまり、人事の仕事は100点を取って当たり前の仕事であり、仕事のミスによって多くの社員から、会社そのものが信頼を失うことにもつながるのである。

　また、この正確性や厳格性は、公平・公正な人事を行っていく上でも重要な能力と言えるであろう。たとえば、ただ社歴が長いというだけで高く評価され過ぎていないか、実績や成果に沿って正確に、また厳格に評価されているか。正確かつ厳格に、聖域なく人事を行えることも、安全で安心できる環境をつくる上では重要と言える。

○理解力・把握力

　人事は、経営と社員の橋渡し役を担う部署でもある。そのため、会社が何を目指しているのか、経営者が何を考えているのか――企業理念以下、ビジョン、各戦略を理解する能力も必要である。

　この理解力・把握力とは、単に、企業理念やビジョンといったものを"知る"というだけでなく、その企業理念やビジョンを理解・把握し、人事の仕組みに落とし込んでいくことにもつながる理解であり、把握なのである。つまり、発生している事柄を一方向からだけでなく、多面的・構造的に理解・把握する力と言える。ま

た逆に、組織や人材に対する理解や把握も求められる。たとえば組織や人の状況や状態についても、正しくかつ多面的・構造的に、理解・把握し、問題が発生しているのであれば、理解・把握したその内容から、適切に対処していくのである。

○企画力・クリエイティビティ

旧来、人事には、正確性や厳格性が高く求められてきた。この正確性や厳格性が、職場の安心や安全を生み、社員が安定して勤務することができたからである。しかし昨今では、これらに加え、企画力やクリエイティビティも求められていると言える。

採用や育成の多様化、また組織形態に関しても、これまでとは異なる非階層型組織の登場など、新しい手法や考え方が出てきている。これは手法や考え方が先行しているのではなく、雇用のあり方の変化、社員と会社の関係性の変化など、こういった手法や考え方でなければ、昨今、人材をマネジメントできない状況になってきているということである。こういった市場の変化や時代の流れに沿って、自社における新しい人事のあり方を創造し、企画する力が求められてきていると言える。

○自社に対する愛社精神

最後は、自社を愛する気持ち。愛社精神である。愛社精神というと、ややスキルや能力とは異なるが、良き人事担当者として活躍していく上では、一つの重要な要素と言えるであろう。人事部門の仕事には、専門的な知識を有し、人事制度を設計したり、社員のキャリア開発をしたり、給与計算及び保険関係の手続きなど、プロフェッショナル性が求められる仕事がいくつもある。しかし、

これらをただ機械的にこなしていくだけでは、良き人事担当者とは言えない。どのような仕事を行うにしても、その仕事を通して、自社、組織、そして働く社員を、少しでも良くしていきたいという想いや気持ちがあって初めて、良き人事担当者と言える。

○良き人事担当者とは社員のキャリア形成の伴走者

人事の仕事は、社員の力を最大限に引き出し、最高のパフォーマンスを得られるよう、環境を整え、人に関連する制度や体系を整備し、必要な諸手続きまで行うことである。

良き人事担当者は、社員一人ひとりの能力や経験を考えながら、適材適所の配置を考察し、社員の将来のキャリアを一緒に考えながら、能力開発のために的確な助言を行う。社員にとってはキャリア形成の良き伴走者となるだろう。

どこの会社でも、力を出し切れずにくすぶっている人材がいるのではないだろうか。能力も経験もあるのに、なぜか仕事に打ち込めず、成果も上げられない。だから評価は低く、やる気を失っていくという負のスパイラルに陥っている。こういった問題や課題があれば、多面的・構造的に捉え、解決策を模索していく。向かない仕事をしているのであれば、配置転換を検討する。上司や同僚と折り合いが悪いのであれば、ほかの上司のラインに異動させる。スキルや能力が不足していて仕事がやり切れないのであれば、補完するための教育研修を計画する。

人材のパフォーマンスを上げるために必要なことは、異動なのか、教育研修なのか、評価時に話し合うことなのか。最も効果のある方法を考え、対策を立て、そしてそれが功を奏して、人の本

来の力を発揮するのを目の当たりにすれば、人事担当者としてのやりがいも感じられるはずであろう。

人事の仕事とは、クリエイティブでやりがいの大きな仕事

1960年代から始まる日本の高度成長時代の人事の主な仕事は、大量生産・大量消費社会を迎えたことから、大量生産を実現するために集めた人員に教育を施し、同質の人材を大量に育成することであった。のちにバブルが崩壊して1990年代に入ると、多くの会社ではコストダウンが必須となり、大量の人材をリストラすることが人事の主な仕事となった。

このような、つらい時代を経て、2000年代に入ると、社員は人"材"ではなく、人"財"として見直されるようになり、仕事のパフォーマンスを上げるため、社員のモチベーションなどに焦点が当てられるようになった。そして現在も、社員の個々の成果を上げることはもとより、組織全体のパフォーマンスを最大化することが、多くの会社における人事課題となっている。

そのため人事部門に何ができるのか、どの会社も模索し続けていると言える。組織として最大のパフォーマンスを引き出すためには、社員一人ひとりが能力を出し切ることはもちろん、誰もが得意分野で力を発揮し、かつ苦手分野を補いながら、相乗効果を上げていく仕組みが必要になると言えるであろう。

たとえば、一人ひとりの社員のスキルや能力、また特性を詳細に調べ、データベースに記録する。そしてそれらに応じた配置転換や、仕事の分担を行う。こういったタレントマネジメントを行

えば、組織全体のパフォーマンスを上げることに期待ができる。

また、一般に集合研修は、等級ごと役職ごとに分かれて行われているが、個々人が持つ能力や経験、潜在力に焦点を当て、一人ひとりにオーダーメイドの人材育成プランをつくる。こういった個別の取り組みも、テクノロジーの進化やサービスの多様化が進んでいる昨今においては、容易に実現でき、社員の能力を飛躍的に高め、大きな成果を出すことも可能になるだろう。

昨今、人材が持つさまざまなスキルや能力に関する情報を容易に得られ、数値化できる時代になった。データベースに一元管理し、さまざまな角度から分析することで、社員一人ひとりが取り組まなければならないこと、そして組織全体が取り組まなければならないことが見えてくる時代である。

いま人事には、企画力やクリエイティビティが強く求められている。単に高い給与水準だけで人材が獲得できる時代は終わり、正当で納得性の高い評価が前提にあり、自分が正当に評価されていないと感じれば、他社へ移ってしまう時代でもある。

企画力がありクリエイティビティの高い人事担当者が存在し、市況や時代にマッチした新しい施策を打てることで、社員も不安なく、不平なく、力を発揮できる。そんな会社が勝ち残ると言っても過言ではないだろう。

採用活動の変遷
——新規採用は就職協定と協定破りのいたちごっこ

　人事の仕事の中でも、特に昨今、重視されているのが採用であろう。どこの業界でも人材不足は深刻であり、採用の成否が、会社の存続を決めると言っても過言ではない状況にある。また、インターネットの普及により、採用のための手法は多様化してもいる。そのため、何をどのように使えば最も効果的なのかがよく分からず、悩んでいる会社も多いに違いない。

　ここで、これまで日本の会社はどのような採用活動を行ってきたのか。その流れや歴史を少し整理してみよう。

　日本で採用活動を語る時、まず、第一に取り上げられるのが「新卒の一括採用」というシステムである。大学卒、あるいは高校卒を、卒業とともに一括して採用する方式である。現実では、卒業よりもかなり早い段階から、会社も学生も多様な活動や採用手法を経て採用・就職するに至っている。

　会社にとっては、目の前の業務をこなすために欠かせない人材を確保するため、また、学生にとっては卒業後の働き口を得るため、双方にとって多くの時間を費やし、時には大きなストレスも伴う期間である。

　リクルートスーツ姿で就職活動を行う学生の姿は、いまではありふれた光景ともなっているが、実はこの「新卒の一括採用」は、日本独特のもので、世界的に見れば、類を見ない非常に稀有な採用制度となっている。

この「新卒の一括採用」は、さかのぼれば、1895年、日本郵船（現在の三菱グループの源流の一つ）と三井銀行が始めた新規大卒者の定期採用がその起源と言われている。

　明治時代になって学校制度（学制）が整備され、最高学府として大学が設置された。それ以前は、職業選択といえば、親の職業を継いだり、丁稚奉公に入って修業を積んだりと、自分で職業を決める自由度は極めて小さかった。多くの人にとって、職業とは選択の余地なく決められるものだったと言っても過言ではない。

　だが、明治になって学制ができてからは事情が大きく変わった。中でも、学制の頂点に位置づけられた最高学府の大学の卒業生に一斉に目が向けられるようになった。各会社は、当時の日本のエリートたちを採用しようと、奪い合うように奔走し始めたのである。1894年に日清戦争が始まると、海外へ事業展開を図ろうとする会社は増加。新卒の大学生を一斉に採用する動きに拍車をかけた。

　これが今日まで続く「新卒の一括採用」の起源と言えるのだが、当時の形は現在とはかなり異なるものだった。それは、学生が卒業する3月を待ち、それから入社試験や面接を行い、採用を決めるという、現在に比べれば、かなり"のどかな方法"だった。

　だが、20世紀になると様相はガラリと変わってしまう。1914年、第一次世界大戦が始まると日本は大戦特需で好景気に沸き、会社は多くの人材を求めるようになった。戦後は一転して恐慌になり、買い手市場になるのだが、一度人材確保で苦労した経験のためだろうか、優秀な学生を採用したいという企業の意欲は衰えることはなく、むしろ勢いを増して、卒業前から学生を確保することが当たり前になっていった。

その後も優秀な新卒者をめぐる熾烈な競争は激化する一方で、入社試験は年々早期化し、青田買いなどの行き過ぎた採用活動が目立つようになっていった。それを食い止めるため、1928年に最初の就職協定が結ばれた。

　三井、三菱、第一の当時の大手銀行の呼びかけにより、大手企業・大学関係者・文部省（当時）らによる会議が開かれ、新卒学生の採用選考時期は「卒業後」とするという「協定」が定められた。日本で最初の「就職協定」である。

　この就職協定に同意しない会社には、選考開始を遅らせるペナルティを科するなど厳しい内容だったが、翌年には早くも抜け駆けが始まり、以後も「協定」破りは続いた。1935年、ついにこの「協定」は破棄されることになった。

　その後、新卒者の採用に大きな影響を与えたのが第二次世界大戦であった。特に戦争が終結し、戦後の復興景気と朝鮮戦争特需により企業活動が活発になると、採用はさらに早期化し、会社は採用の選考を卒業前年の秋に行うようになっていた。

　「学業の妨げとなる」ことを憂えた文部省と労働省（当時）は1952年、都道府県知事、国公私立大学長、民間団体代表に「採用選考は1月以降に実施」するよう通達を出した。また、翌1953年には、大学団体と日本経営者団体連盟（日経連：現在の日本経済団体連合会の前身団体の一つ）を招集して「就職問題懇談会」を開き、「学校推薦開始を卒業年度の10月1日以降とする」ことを取り決めた。

　だが、それでも会社による優秀な学生の早期確保の動きが鈍ることはなかった。好景気が続き、特に1960年代からの高度経済成長の時代になると、「売り手市場」を背景に、採用活動は加熱

する一方であった。協定は守られることなく、その後も選考時期は7月となり、やがて5月へと早期化した。1960年代後半になると、大学3年次の2～3月に内定が出されるほどになっていく。協定はもはや何の意味もなくなり、1962年、日経連は就職協定を廃止せざるを得なくなっていた。

再び採用の早期化が問題視されるようになったのは、その10年後のことである。1972年、文部省・労働省・経済4団体は「青田買いの自粛基準」を定め、「会社訪問開始5月1日、選考開始7月1日」とした。

1976年には、労働省が会社と大学に働きかけ、「10月1日会社訪問解禁、11月1日採用選考解禁」という新しい基準がつくられた。「内定から入社までの期間が長過ぎる」がために、オイルショックの影響で内定取り消しが続発したことも要因となった。また、1978年には、協定違反に対する「注意」「勧告」「社名公表」などの制裁措置が設けられたが、それでも協定破りがなくなることはなかった。

1980年代になってバブル景気が始まると、水面下での採用活動はいっそう激しくなり、特に大手企業は、解禁日前に学生を拘束することを当然のように行った。

協定は現状を追認するように、1986年には「8月20日会社訪問解禁、11月1日内定解禁」となり、1989年には「同日会社訪問解禁、10月1日内定解禁」、そして、1991年には「8月1日会社訪問解禁、10月1日内定解禁」と、完全に形骸化していった。1996年、日経連はついに「就職協定」の廃止を決断する。

だが、その間、採用市場には大きな変化が訪れていた。1990年代に入るとバブル崩壊により、会社は採用数を大幅に抑制し始

めたのである。「就職氷河期」の到来だった。

　それでも会社の採用活動の熱が冷めることはなかった。その後も経団連（現日本経団連）によって、就職情報の公開・採用内定開始を10月1日とする「新規学卒者の採用選考に関する企業の倫理憲章」がつくられたり、大学と高等専門学校によって、企業説明会や学校推薦は7月1日以降、内定は10月1日以降とする「申合せ」が定められたものの、事実上の拘束力はないに等しく、不況により会社側が厳正に採用する傾向も加わって、採用の早期化、長期化はさらに進んでいった。

　2003年10月、経団連は「倫理憲章」でそれまでは大学3年時の3月に内々定が出されていたものを、4月以降にすることを定め、賛同書に経営者のサインを求めることで拘束力を持たせ、一定の歯止めを実現したが、水面下での会社の採用活動を抑えるには至らなかった。

　その後も経団連は、2011年には「12月1日広報活動開始4月1日選考開始」、2016年入社者は「3月1日広報活動開始8月1日選考開始」、2017年入社者からは「3月1日広報活動開始6月1日選考開始」と目まぐるしく規制を発表するも効果はなく、2018年10月、ついに就活スケジュールの規制の廃止を発表している。

景況の変化に伴う採用手法の変化
——中途採用の出現とその背景

　このように「新卒の一括採用」の歴史は、採用早期化を食い止めようという協定と、その協定破りのいたちごっことも言える状況であったことが分かる。幾度とない協定の制定と廃止からも垣

間見られるように、これらを解決するための決定打は存在しないと言える。

「新卒の一括採用」を成功させるには、協定を破り、ほかの会社から抜け駆けするしかないようにも見えるが、"人材を獲得する"という原点に立ち返れば、ほかのやり方も見えてくる。それは、近年になって本格化してきた中途採用である。

かつて、中途採用者といえば、突然、退職した人の穴埋めであったり、新規事業を早期に軌道に乗せるための即戦力としての採用など、どこか"代打"的な位置づけであった。しかし現在、新卒採用に劣らず、中途採用はどこの会社にとっても欠かせないものになっている。

この中途採用が特に注目されたのは1980年代後半からである。この時期、多くの外資系企業が日本に拠点を置き、存在感を増し始めていた。当時の外資系企業といえば、昇進しても限界があったり、業績が悪ければすぐに解雇されたり、終身雇用制を基本とする日本企業と比べ、働くという観点ではあまり良いイメージではなかった。

しかし、1980年代後半に入ると日本では盛んに国際化が叫ばれるようになり、1990年代のバブル崩壊で日本経済全体が低迷期に入ると、外資系企業は注目されるようになった。それは、低迷する日本企業に比べ、自己が持つ専門性やスキル、また業績によって高い報酬が得られる外資系企業への就職が魅力的に映ってきたからである。

この外資系企業への注目とともに、採用の主要な方法として、中途採用は見直されていく。もともと日本以外の諸外国には、「新卒一括採用」の文化はない。また、一人の人が何度も職を変える

ことは珍しくなく、流動的な労働市場に対し、会社もまた当然のように中途採用によって対応していた。自分自身の実力が公平・公正に評価され、透明性が高く、業績に連動した人事制度は、多くの優秀な人材を引きつけていったのである。

このように、かつては"代打"的な位置づけだった中途採用が、外資系企業に牽引される形で、採用の主力となっていったわけである。

中途採用をさらに本格的にしたのが、1999年の人材紹介事業の民営化であろう。それまで中途採用者のための就職の斡旋は、国の役割だった。公共職業安定所——ハローワークが行っていた。

それが、民間活力を活かすべきであるという気運によって、職業安定法の基本方針が改正され、営利職業紹介が許可制として認められるようになった。多くの職業紹介企業が誕生し、中途採用で人材を集めることが一般化していったのである。

就職ポータル、SNS、スカウティングサイト
——就職・転職はより容易に、手軽に

こうして、新卒採用と中途採用は、いずれもいまの日本の会社にとって欠かせない採用方法となっていった。現在、これらはインターネットの普及により、さらに大きく進化を遂げている。

インターネットの普及により、就職活動も就活サイトなどを活用することが一般的になった。かつての学生は、新聞、雑誌、あるいは大学の就職課などから、求人募集する企業の情報を得ていたが、インターネットによって、いつでもどこでもどの会社の情報でも得ることができるようになった。

いわゆる就職ポータルサイトが登場したのは、2000年代前後のことである。就職活動をする学生が登録すれば、求人募集している会社の情報を得られるだけでなく、会社説明会などへの窓口にもなる。当初は新卒者を主な対象としていたが、やがて中途採用者専用のサイトも設けられるようになった。

　また、初期はパソコンでの利用を前提としていたが、現在は、スマートフォンでの利用を想定してつくられ、学生や転職希望者はいつでもどこでも手元のスマホで大量の情報に触れることが可能になった。

　単に情報を得られるだけでなく、双方向、つまり情報交換したり、コミュニケーションを取るための仕組みも進化・多様化した。現在は、SNSによる、"より気軽な"情報収集、情報交換の仕組みが普及しつつある。ツイッターが普及し始めた頃は、自分の開発した製品をツイッター上で発表して、就職や転職を勝ち取るエンジニアが現れた。

　現在でも、特にクリエイティブの分野では、ツイッターをはじめ、フェイスブック、インスタグラムなどで自分の作品を発表し、就職、転職、あるいは実際の仕事の獲得に役立てている人は多い。

　就職ポータルサイトでの登録は、サイト内に履歴書・職務経歴書をつくるような"一定の手間"が伴うが、ツイッター、フェイスブックなどのSNSでの会社との情報交換は、友人とコミュニケーションするような手軽さで進められる。選考の段階が進めば、直に顔を合わせて面接を行うなどの、過程は外せないものの、新卒採用・中途採用といったリクルーティングの入口のハードルは格段に低くなったと言って良いだろう。

　最近は採用する会社側も、フェイスブック、ツイッター、ライ

ンなどで自社のアカウントを保有するところが増えてきた。気軽な会話により参加するハードルは低くなるので、より多くの人たちと接することができる。また、会社説明会をはじめとする採用関連のイベントを開催する際も、その周知はSNSで情報を流すだけだ。反応もすぐに分かり、そのスピード感が採用活動を大いに助けている。

現在はスカウティングサイトも登場した。就職・転職を希望する人は登録しておけば、自分で会社を探さなくとも、希望条件や経験などを見て、黙っていても会社側からオファーが来る——文字通りスカウトする仕組みである。これらの仕組みは、単に就職、転職を便利にしたというだけではない。就職・転職に関する考え方そのものを大きく変えたと言って良いだろう。最近、よく耳にするのが、就職した直後からスカウティングサイトに登録（アカウントをオープンにしたまま）して勤務する人が増えているということである。就職、転職が非常に手軽に、気軽になされる。そんな時代になったのである。

かつて、中途採用者は「即戦力」として経験豊富な人間が重宝されたが、いまでは特に若い転職者は「第二新卒」という言葉があるように、新卒と変わらない扱いで採用されている。実際、求められている中途採用の傾向を見ると、業界、業種、職種を問わず、35歳未満の人材の需要が高く、その年齢も年々若年化している。会社側も、新卒であっても中途であっても、とにかく若い人間を採用し、自社内で育成しようという動きが強くなっているようである。

「第二新卒」の定義は言葉の使い手によってまちまちであるが、一般的に新卒から3年目までの求職者・就職希望者のことを指す。

この「第二新卒」に対して、会社側としても人材の受け入れスタンスや考え方を、時代の変化に沿ってしっかりキャッチしていくとともに、就職や仕事に対しての新しい価値感も受け入れつつ、対応していく必要があると言えるであろう。

実は着実なリファラル採用、シニア活用も視野に

　一方では、就職・転職を手軽に考える風潮に抵抗するかのような動きも出ている。ごく最近になって、どこの会社でも増えてきているのが「リファラル採用」である。「リファラル採用」とは紹介・推薦による採用、昔でいう縁故採用である。

　社内の社員はもちろん、その身内や友人、知人など信頼できる人から、そのまた知人や大学や高校の同窓生などを紹介してもらい、迎え入れる方法である。本稿執筆時点で、会社の6割がなんらかの形で「リファラル採用」を行っているとも言われているくらいである。

　リファラル採用の最大のメリットは、大きなミスマッチがないところだろう。紹介する社員は、自社の事業はもちろん、企業理念、ビジョン、さらに組織風土をよく理解し、かつ、紹介者のこともよく知っている。会社に合うと思うからこそ、紹介をする。

　そういう意味で、ITエンジニアの世界で、リファラル採用が盛んなことも頷けるだろう。エンジニアは社内ばかりでなく、他社へ出向いて多彩なバックグラウンドを持つ人材とともに一つのプロジェクトに携わることが多い。そこでほかのエンジニアに出会い、間近でその人の力量や性格を知ることができる。その上で自

社に紹介するのであれば、かなりの確率で採用も実現するのである。

　もう一つのリファラル採用のメリットはコスト面だろう。就職・転職ポータルサイトを利用するにしても、あるいはSNS、さらにスカウティングサイトを利用するにしても、会社にとってはそれなりの料金を支払わなければならない。人材エージェントを通しての採用ならば、年収の数割を支払う必要もある。しかも、採用した人材が成果を出して、それらのコストを回収できる確証もない。コストをかけて人材を確保しても、すぐに辞めてしまうケースも少なくなく、結果採用コストが無駄になる場合もあるのである。

　リファラル採用ならば、ある程度、人材像のマッチングは担保されており、また関係性の上に成り立っている採用であるため、簡単に辞めることもないだろう。そして、余計な出費も出にくい。会社によっては、リファラル採用を促進するため、紹介した社員に手当を支給している会社もあるが、人材エージェントに支払う額に比べれば、桁違いに少なくて済む。

　リファラル採用は、手軽になり過ぎた採用活動（就職活動）が見落としてきた、人と人とのつながり方を見直すことのできる、もう一つの着実な仕組みと言えるのかもしれない。

○シニア層を活用するためのポイント

　2008年、日本は人口のピークを迎え、現在は減少に転じている。高齢化は進み、労働人口の不足は深刻化の一途をたどっている。ここで目を向けていくべき層があると弊社では考えている。それはシニア層である。

　一般に定年と言われている60歳を過ぎても、健康で働き続け

たい意欲を持つ人は多い。経験が豊富で実際に仕事ができ、過去にはバブル崩壊、リーマンショックなど、何度も危機を乗り越えてきた経験も持っている。年金受給の開始年齢が年々、引き上げられる中、当人たちも働かなければならない事情もある。

日本の労働力不足に対して、たとえば外国人の採用も一つの方法であろう。ただ、準備不足のまま大量の外国人を迎え入れることで、いろいろな問題が生じている可能性も高い。環境の整備や日本語教育などしっかりした受け皿ができるまでには時間がかかるだろう。一方、中途採用の市場を見れば、若年層の争奪戦は相変わらず激しい。将来を考えれば、若い社員を確保したい気持ちはよく分かるが、そこばかりに目を向けていては、採用活動における消耗戦をやり続けることにもなりかねない。

それよりも身近なシニア層に目を向けてみればどうだろうか。定年を控えている人がいるならば、再雇用として確保する道をつくる。そもそも定年制そのものを見直し、長く働けるようにする会社も最近非常に増えてきている。

もちろん、シニア層の活用に本腰を入れようとするのならば、それなりの準備は必要であろう。たとえば、シニア層を受け入れるための人事制度面の整備。シニア層を対象とした制度を構築する際には、定年延長を単なる雇用期間の延長を求める法律対応の施策として捉えるのではなく、真に活躍する人材とし、シニアの活躍の場や機会をつくることが会社のためになる。そして本人のためにもなるのである。

シニア層に対する雇用のあり方の検討は、これから高齢化を迎える日本社会全体にも貢献できる取り組みと言えるであろう。人事の仕事として、これもまた、社会的意義のある仕事であるとも言える。

Chapter 6

戦略的給与計算アウトソーシングの活用

潜在的リスクの多い給与計算

　給与とは、支給される社員にとっては、生活を支えるための大切な資金であり、それを得ることは働き続けるための大きなモチベーションとなる。また、会社にとっては、社員の会社への貢献度を反映したものであり、そこに不正確さ、曖昧さがあれば、不平不満を招く原因となるであろう。

　会社員であれば、毎月、当たり前のように受け取っている給与だが、会社からの社員に対するメッセージも含まれている。たとえば住宅手当や地域手当など、社員の生活の保障を重視する会社であれば、いわゆる属人給や属人性の高い手当が多くなる。むしろ、そのような給与や手当は減らし、営業手当のように成果を上げることを促す手当を重視する会社も存在する。会社の方針が色濃く反映されて報酬体系が大きく変わるのである。

　そればかりではなく、所定労働日や所定労働時間、時間外勤務や休日勤務時の割増率など、労働基準法で定められた最低の要件を満たせば良いという会社もあれば、それを上回ることで社員のモチベーション向上を促す会社もみられる。このように、給与というのは基本的な考え方の違いに加え、会社独自のルールや仕組みが複雑に絡み合い、非常に複雑で込み入ったものになっているものが少なくない。つまり、会社が10社あれば10通り、100社あれば100通りの計算方法があるのが実態である。

　もちろん実際に給与計算に携わる社員にとっては、ひたすら自社の仕組みやルールを理解して計算すれば良いわけだが、それでも残業代をはじめ毎月変動する支給項目は多く、一つでも見落と

せば、間違った額を社員に支払ってしまうことになる。

100人、200人、会社によっては数千、数万人分の煩雑な給与計算を期限内に、完璧に行うことは、どのような会社であっても相当な集中力と忍耐力を要する業務なのである。

大企業になれば、給与計算はそれなりにシステム化されているため、正確に計算はなされているようではある。しかし一方で、たとえば、中小企業の場合はエクセルで給与計算をしていたり、また給与専用のシステムを導入している場合でも、制度改定のたびに発生する例外事項を個別にシステムの外で、属人的に計算しているような例も見受けられる。またさらに、中小企業の場合は、人手が足りないこともあって、たった独りで給与計算を行っている場合も少なくない。非常に不安定でリスクがある状態で給与計算をしている場合が実は多いのである。

実際に弊社で依頼を受け、アウトソーシングのための準備として、その会社の給与計算の方法をヒアリングしていくと、曖昧な部分が多かったり、そもそも明確な原則やルールが存在しなかったり、時には法律に違反する処理になっていたりなど、次々に問題が明らかになることは多い。

担当している社員はこうした問題に気づいていたのかもしれないが、給与は毎月、遅れずに支払わなければならず、とにかく計算して額を定め、期限までに振り込む仕事に追われ、問題に向き合う余裕はなかったのかもしれない。時には法律の改定を知らずに、意図しない違法状態を生んでいるケースもある。

"計算"という言葉から、単純な事務作業を想像するかもしれないが、給与計算にまつわる問題を直視し、掘り下げていけば、会社全体が直面している課題と重なり合うことは多い。逆に、給与

計算に関連する仕組みを見直し、整備すれば、会社全体の課題解決への道を開くことになる、と言っても過言ではないのである。

曖昧、複雑、一筋縄ではいかない給与計算

　給与計算はなぜ複雑になるのか。どのように計算するのか、その流れを見ていくことにしよう。

　まず、勤怠管理のデータをもとに基本給をはじめ残業代、諸手当などを反映し、支給額を計算する。そして、その支給額をもとに所得税や社会保険料などを算出して控除する。つまり、「勤怠」を確定して、「支給」額を決め、「控除」する。「勤怠」「支給」「控除」の3段階が、給与計算の流れの基本となるのだが、それぞれ微細に分かれた多くの要素で成り立っており、全体の計算を複雑にさせている。

　「勤怠」「支給」「控除」それぞれを見ていく。

○勤怠

　勤怠管理とは、社員が月に何時間働いたのか、労働基準法にもその把握が定められている大事な仕事である。タイムカードのほか、いまはスマートフォンを使って管理しているところも増え、勤務時間の把握は容易になっているが、給与に反映させるとなると話は別になる（図表6-1）。

　法定労働時間は1日8時間、月40時間と定められているが、会社によっては所定労働時間を1日7時間としているところがあり、

図表6-1 勤怠

勤怠項目名	変更頻度	変更要素
出勤日数	毎月変動	・勤務実績
休日出勤日数	毎月変動	・勤務実績
欠勤日数	毎月変動	・勤務実績
振休／代休取得日数／残日数	毎月変動	・各月の申請に基づき変動
有給取得日数／残日数	毎月変動	・有給付与／消滅：一斉付与／入社月に応じて付与などで付与サイクルが異なる 　消滅……付与以後2年で消滅（法令） ・有給取得：各月の取得申請に応じて取得日数／残日数が変更
特別休暇取得日数／残日数	毎月変動	・看護休暇、結婚休暇、慶弔休暇など 　付与日数／付与のタイミングなどは制度ごとに応じて変動
所定労働時間	毎月変動	・1カ月平均所定日数の場合：毎月固定 ・それ以外：営業日数で変動（毎月変動）
遅刻・早退時間	毎月変動	・フレックス制度／変形労働時間制度／裁量労働・事業場外みなし労働時間制度など、就業形態・ルールに応じて時間集計ルールが異なる
法定内労働時間	毎月変動	
法定外労働時間	毎月変動	
深夜労働時間	毎月変動	
休日労働時間	毎月変動	フレックス：月の総労働時間（合計）と所定労働時間（合計）の差分により、遅刻・早退時間／残業時間の合計を算出 フレックス以外：基本的には「日ごと」の集計結果を合計し算出 変形労働：「日ごと」「週ごと」「月ごと」で残業時間集計 みなし残業制度：法定外残業時間からみなし残業時間超過分を集計、時間外手当に反映

それを超えると残業扱いとなるのだが、法定労働時間内の最初の1時間は割増が発生せず、それを超える2時間目から割増となるなど、同じ残業でも1日の時間によって金額が異なるケースが生まれる。場合によっては雇用区分ごとにこのような処理が異なるケースまである。

また、みなし残業制度（あらかじめ残業を想定して固定給とし

て組み込む制度）を採っている会社では、職種などによってみなし残業の時間数が違う場合がある。

　会社によってはフレックス制度や変形労働制を採っているところもあり、どこからが残業時間になるのか、割増はどこから始まるのか、あるいは逆に所定労働時間を満たさなかった場合にどのような扱いになるのかもそれぞれ異なる。

　休日も法令で定められた法定休日に働けば、割増率35％以上と定められているが、法定外の休日は会社の就業規則による。日曜日を法定休日と設定している会社もあれば、月内4日に準拠して最後の4日の休日を法定休日とするケースなど設定はさまざまである。

　年次有給休暇はその名の通り、休んでも給与が支払われる。また同じくして会社が独自に定めた特別休暇も、給与が支払われるところもあれば、そのような特別休暇はなく、有給休暇以外の休暇は、無給のところもある。

　このように社員の勤務の実態を自社の制度に照らし合わせながら正確に把握して、毎月の勤怠を管理する必要があるわけである。

◯支給

　次に支給であるが、こちらは固定支給と変動支給に分かれる。固定支給の代表が基本給であり、社員がどの等級、またあるいはどの職種に属しているのかで変わる。また、職責手当や職務手当など、会社によって独自の手当がつく場合もある（図表6-2）。

　手当は、地域手当や家族手当など、社員の事情によって得られる手当類のことである。勤続年数によって付与されるもの、ある

図表6-2　支給

支給項目	項目名（例）	変更頻度	変更要素
固定支給	基本給／職務手当・職務給役割手当・役割給／職責手当・職責給	昇降給・昇降格	・各社ごとの賃金テーブルに基づき決定 ・評価結果／会社・部門業績・個人業績を勘案の上決定
	資格手当	取得時	・専門技術などの資格の取得に応じて支給額が変動
	地域手当	異動・転居時	・各社の規程に基づき、勤務地域により支給額が変動 （全国的に拠点を持つ事業所にて該当するケースが多い）
	家族手当	出生・結婚・離婚・死亡	・各社の規程に基づき、家族の人数に応じて支給 （子の出生／結婚／家族の死亡などにより変動）
	赴任手当	異動・転居時	・単身赴任／海外赴任の有無により支給額が変動
	住宅手当／家賃補助	異動・転居時	・社宅の場合：社宅費に応じて支給 ・賃貸の場合：通勤距離などに応じて支給 ※両方とも、固定支給
	持株奨励金	申込時期	・各従業員の積立額に応じて支給金額が変動 ※通常は、年1回で変更
	通勤費	異動・転居時	・支給サイクル：通勤方法に応じて変更 公共交通機関の場合：1カ月／3カ月／6カ月により支給頻度が異なる 車通勤：往復距離×ガソリン代 ガソリン代の単価見直し：各社によってさまざま（年1回もしくは2〜3回など） ※月途中の入社・退社・引っ越しにより別途日割／精算計算が発生
変動支給	時間外手当	毎月変動	・勤怠集計結果（遅刻・早退時間／法定内・外残業時間／深夜労働時間／休日出勤時間）及び割増率に応じて算出 ※勤怠の丸め時間の有無／端数処理の方法などにより各社によって計算方法が異なる ※また、時間外手当算出の基礎となる「基準内／外賃金」も各手当の実態により異なる
	インセンティブ／社員紹介	毎月変動	・インセンティブ：支給サイクル（単月〜3カ月単位など）及び各サイクル間での個人業績に応じて支給金額が変動 ・社員紹介：入社した社員の年収（理論値）に応じて支給額の変動
	そのほか	毎月変動	・経費精算／慶弔見舞金／そのほか昇給差額の調整のための支給などで計上

条件を満たすことで付与されるものなどがある。

　たとえば、結婚したり、子どもが生まれれば、家族手当が変わる。引っ越せば交通費や住宅手当、あるいは地域手当などが変更になる。手当は、会社によってほかにもさまざまあるだろう。社員の申告に対し、どれが該当するのか、漏れなくチェックする必要がある。

　変動支給はその名の通り、毎月、額が変わる部分であり、代表的なものが残業代、休日出勤手当のような時間外手当である。

　残業時間を計算する際は、労働者の不利益にならないように法令で定められている。ただし、割増率を掛けて残業代を出した後の端数の処理は、切り捨てるのか、切り上げるのか、四捨五入にするのか、このあたりは会社に委ねられている。しかし、会社によっては、そこまで就業規則に定めていないところも少なくない。

　また、営業手当のように成績によって付与されるものも変動支給の一つだが、こちらは毎月一定の日に締めて給与に反映させるところもあれば、四半期（3カ月ごと）、あるいは年3回（4カ月ごと）と一定期間を設けて締め、計算しているところもある。つまり、毎月変わる場合もあれば、3カ月ごと、あるいは各月ごとに大きな変動がある場合もあり得る。

　固定給と言われるものであっても、昇格すれば当然、基本給は上がり、降格すれば下がる。また手当類も新たに付加されたり、廃止されたりと、長いスパンで見れば変動する。

　海外に拠点を持つ会社では、国によって物価や生活水準が大きく異なるため、日本と同等の生活を送れるようにと、特別な手当を設けるなどして調整している場合もある。また、社員本人への

送金と日本に残る家族への振込とそれぞれに処理するケースもあり、それもまた社員ごとの事情に合わせて対応する。

○控除

控除とは、支給された額から差し引かれる税金や保険料などのことを指す。法定控除とそれ以外に分かれる（図表6-3）。

法定控除と呼ばれるものの額は、基本的には年に1度決められるため、月によって大きく変わることは少ない。ただし、たとえば、社員に子どもが生まれて扶養家族が増えたなどの事情があれば変動する。また、税法の変更で額が変わることもある。雇用保険、健康保険などの料率も同様に、変更はあり得るので、各種の制度の改正を常に把握しておかなければならない。

所得税や保険料は、扶養家族の有無で変わるが、同じ扶養という言葉を使っていても、税法上と、社会保険上では、それぞれ解釈が異なっており、扶養家族として認められるには、年齢や同居の有無、収入（所得）などの条件がある点に注意する必要がある。

○年末調整

給与計算の仕事として、年に1度の一大イベントと呼んでも良いのが年末調整である。毎月、所得税が引かれているが、それは暦月の仮の計算額である。正しい所得税の額は、年間を通して得た所得と扶養家族などの扶養の状況、さらに保険に加入していることによる控除などを踏まえた上で初めて決まる。これらを年末に精算・調整しようというもの。これが年末調整である。

一人ひとりの社員から所得控除の申請書を集めるのだが、その

図表6-3　控除

控除項目	項目名（例）	変更頻度	変更要素
法定控除	健康保険料	通常：年1回	4月～6月の間で支払われた賃金に基づき決定（定時決定：年1回） ⇒その後、固定支給の変動（昇給／交通費の変更など）／及び賃金総額の変動により改定する場合あり（随時決定） ※そのほか、料率変更による徴収金額の変更（協会健保：4月、組合健保：年1回）あり
	厚生年金保険料	通常：年1回	4月～6月の間で支払われた賃金に基づき決定（定時決定：年1回） ⇒その後、固定支給の変動（昇給／交通費の変更など）／及び賃金総額の変動により改定する場合あり（随時決定） ※そのほか、料率変更による徴収金額の変更（4月）あり
	介護保険料	通常：年1回	通常：40歳到達月に加入（給与天引き開始） ⇒65歳到達月で終了（給与天引き終了） 金額の変更頻度：「健康保険料」「厚生年金保険料」と同じ ※そのほか、料率変更による徴収金額の変更（協会健保：4月、組合健保：年1回）あり
	雇用保険	毎月変更	「雇用保険の対象となる賃金」の総額×保険料率にて計算
	住民税	通常：年1回	前年1月～12月までの所得状況（給与所得の場合：給与支払報告書にて市区町村に連絡）により本年6月～翌年5月分までの各月の徴収額が決定 ※確定申告を行った場合には変動する場合あり
	所得税	毎月変動	・基本的には、「税額表」に基づき、当月の「社会保険料控除後」の金額及び税法上扶養人数の変更に応じて変動 ・税額表：年1回更新
そのほか／福利厚生など	財形貯蓄	毎月固定	左記福利厚生制度に基づく控除項目は、金額固定（更新頻度：年1回ほど） ただし、左記制度の加入／喪失は別途管理する必要あり
	持株会		
	互助会		
	団体生命保険料		
	確定供出金		
	その他控除	毎月変動	立替経費精算など（毎月変動）

記入内容に問題があることが多い。扶養控除が受けられるかどうかは、扶養家族の所得で決まるため、その額を書き入れるのだが、

所得と収入を混同されることがしばしば見られる。所得とは、収入から必要経費を差し引いた額を指す。また、申告書の欄が空欄である場合も多い。これが所得ゼロという意味なのか、記入方法が分からないのか、あるいは書き忘れたのか、判別できないことが多く、処理し切れない、処理できないことにつながっていくのである。

間違った所得税を申告すれば、後から追徴課税、修正申告ということにもなりかねない。上記のような疑問を一人ひとりに対して確認していくためにかなりの時間を要し、年末調整は、年末に向けて2～3カ月前から準備する必要がある業務と言える。

間違いは多く、会社独自のルールでいびつにも

弊社で給与計算のアウトソーシングの依頼を受け、計算方法を確認していく段階でよく感じるのが、給与計算の煩雑さである（図表6-4）。

まず、そもそも給与計算そのものを間違えている場合も少なくない。弊社では、クライアント企業の給与計算方法を把握した後にテストを行い、クライアント企業で計算した額と突き合わせ、計算ロジックの正誤をチェックするのだが、このテスト計算の結果、突合が合わないことが多々見受けられる。

たとえば、過去の事例だが、とあるクライアント企業において雇用契約書で定められているものと違った賃金を、過去何年にもわたって支払っていたケースがあった。請求権（それを是正する期間）は2年前までしかさかのぼることができない。もちろん、

あってはならないことではあるが、非常に稀なケースとして、現実にはこのようなことが起こっている場合もあるのである。

計算式の根拠となる考え方には、会社独特のものがあり、過剰に計算ロジックを複雑にしている場合も少なくない。できれば、間違いを招きやすいロジックは見直す必要があるだろう。

たとえば、営業を主として行っている会社で、賞与を年4回以上支給しているケースがあった。業績に応じて報酬を増やす方法で社員を鼓舞しており、賞与もその考え方を反映させた仕組みにしていた。

だが、賞与を年に4回以上支給すると、それは法令により賞与ではなく、月例給与として計算しなければならずその分、社会保険料が上がってしまう。社会保険料は企業も一部を負担しており、社員にとっても会社にとっても、負担が増えてしまうことは好ましくない。そのため賞与の支払いは年に3回までとして、後のインセンティブは月々の手当として支給したほうが、実は合理的である。このように、仕組みそのものを改める必要がある場合もある。

ほかにも、有給休暇を取得した場合の賃金の支払い額の計算が複雑な事例もある。労働基準法によれば、有給休暇に対する支払い額は、「平均賃金」か「通常の賃金」、「健保法第3条の標準報酬日額」のいずれかと定められている。この会社の場合、実質的な報酬に合わせた額にしたいと、過去の残業代も含めた額の合計を、日数で割って算出する方式を採用していた。これは最初の「平均賃金」に近い考え方なのだが、より社員に有利になるようにと法律の範囲を超える支給を行い、それを「有給休暇取得手当」と

図表 6-4　給与計算が煩雑化するポイント

ポイント	概要
勤怠確定	・勤怠情報を確定する際に、タイムカードの集まりが遅い（提出されてこない）、タイムカードデータに間違いがあるなど、給与を計算する元情報となる勤怠情報の確定がなかなかできずに、給与計算が実施できない
休暇申請管理	・休暇申請が上がってこず休暇を取っている、休暇申請の内容（日付や休暇の種類 [代休・振替休暇など]）に間違いがあるなどが発生しており、確認に時間が取られ給与計算が実施できない
有給休暇管理	・いつでも入社できる環境（月中、月末など、月初にこだわらない入社環境）があり、有給休暇の起算日が入社日になっていることで、以降の有給休暇の付与や利用による控除管理が煩雑になっている ・入社日及び起算日を月初に揃えた場合でも、以後の付与月は従業員によってまちまちになり煩雑化する
ルールのムリ・ムダ規程	・規程は存在するものの、支給や控除の基準や定義などが曖昧になっており、可視化されないまま、属人的な処理となっている（ブラックボックス化） ・会社の動き（戦略や施策）に沿って規程が改定されておらず、現状とマッチしていない／可視化されていないルールが多々存在する
ルールのムリ・ムダ処理フロー	・創業当初の支給サイクル（一般的にはキャッシュフローを大前提にした支給サイクルが多い）を是として運用していることから、人員数が増えた場合、また規程や制度が複雑化した場合に、十分な処理日数が確保されず、物理的に不可能に近い処理スケジュールになり、業務過多が発生している
システム及び連携	・給与システムで計算した情報を、会計システムに取り込む際に手作業で入力しており煩雑化している ・給与システムを有しており、社内にある給与システムを利用しなければならない（リース期間中、ERP・会計システム・管理会計システムなどとの連携）ことからアウトソーシングできない環境がある
専門知識	・人事や労務に関する専門的な知識がないことから、判断や処理を行うたびに調べる必要があり、業務がなかなか前に進まない

いう独特の制度にするなど、体系を複雑化していた。

　確かに、社員にとっては報酬が増えるため、悪い話ではない。しかし、残業時間によって手当の額が変われば、計算が複雑化し、間違いを招きやすくなってしまう。給与計算を正しくかつスムーズに行うためには、よりシンプルな体系が望ましい。

　またこれは、人事制度の仕組みを享受する側の社員にとっても

同じである。昇給昇格・降給降格いずれのルールであっても、シンプルでさらに支給される金額まで分かりやすいことが、より良い業務活動を促すこともできるのである。

有給休暇の残数が不明で給与計算が混乱するケースも

　会社独自のルールであっても、それが文書化されていれば、なんとか計算式として形にすることができる。だが、文書化されていない場合もある。たとえば、過去に労働組合との交渉でできたのか、何かの慣例を手当としたのか、単なる間違いが残置されているのか、よく分からないものが支払われている場合もあるのである。

　過去の給与支払いの記録があれば、その額をもとに計算の考え方を推定し、計算式に復元することは可能だが、記録そのものが残されていなければどうしようもない。

　また、独自のルールが行き過ぎた結果なのか、あるいは経営者が少しでも人件費を抑えたいと知恵を絞った結果なのか、法律に抵触するケースも見られる。

　たとえば、誰がいつどれくらい有給休暇を取得したのか、記録が残っていない会社があった。まだ設立されてさほど年月が経っていない、いわゆるベンチャー企業で、社員の多くが無我夢中で働いてきたのだろう。休暇を取ることはもちろん、その記録を残すという発想自体がなかったようである。

　だが、有給休暇は労働者の権利である。特に、働き方改革が進められている今日、その取得も義務化され、厳しく監視されるよ

うになっている。記録がないということは、最低限の条件をも満たしていないことになる。

こういった事例は、設立間もないベンチャー企業に限らず、大手企業のグループ会社でも起こっている。グループ会社間の異動や転籍が頻繁に行われ、いつ前の会社を辞めて、次の会社に移ったのか——日付の管理が甘く、有給休暇の残数が不明になっていたのである。異動、転籍の日付がはっきりしなければ、ほかの手当の額にも関わることがある。

また、労働組合と36協定を結んでいない会社もあった。労働基準法により、社員の労働時間は1日8時間、1週間で40時間以内とされ、この「法定労働時間」を超えて時間外労働をさせる場合は、「労働基準法第36条に基づく労使協定」（36協定）を労使間で締結して所轄労働基準監督署長へ届け出なければならない。締結せずに、社員に「法定労働時間」を超える残業をさせれば法律違反になる。時間外労働についても、昨今、厳しい目が向けられ、守れない会社には罰則が科されるようになっている。

一番の問題は、人事の仕事が特定の人にしかできなくなること

このように給与計算を正しく行おうと、その計算式やロジックの根拠を改めて整理していくと、会社が見落としていた問題に突き当たるケースは少なくない。

中でも、多くの会社にとって共通している問題は、給与計算をはじめとする人事の仕事そのものが、ごく少数の人間に集中していることであろう。

まず、給与については、その額を他人に知られたくないのが一般の人の感情である。そのためごく少数の限られた人たちで対応する。

また、すでに述べたように給与計算はもともと複雑であり、会社独自の考え方や計算方法が加わることで、より入り組んだものになっている。どのような経緯で給与計算が複雑になったのか、長く関わってきた人にしか分からないということになれば、給与計算という業務は、特定の人以外にはできない業務になってしまう。

あらゆる業務において間違いはあってはならないが、特に給与計算の間違いは許されない。また、毎月、必ず期限までに終えなくてはならない。新たに誰かを雇えば、間違えるリスクが増すため、計算し慣れた人に任せるほうが安心感がある。

これらのことから、給与計算は会社の中でもごく一部の社員、中小企業ならば、たった一人の人間の手に委ねられることになりがちなのである。しかも、複雑になり過ぎたロジックや計算式をうまく説明することができないため、誰かに引き継ぐことは難しくなり、給与計算をはじめ人事の仕事は"属人化"していく。こうして給与計算の仕事は、ブラックボックス化してしまうのである（図表6-5）。

多くの会社には、このような人事の超ベテラン社員がいるのではないだろうか。また、設立間もないベンチャーならば、社長が一人、あるいは役員一人で、全社員の給与を計算していることが多いのではないだろうか。

しかし、これには弊害が多い。複雑な計算が特定の人間にしか

図表6-5　給与計算がブラックボックス化・煩雑化するメカニズム

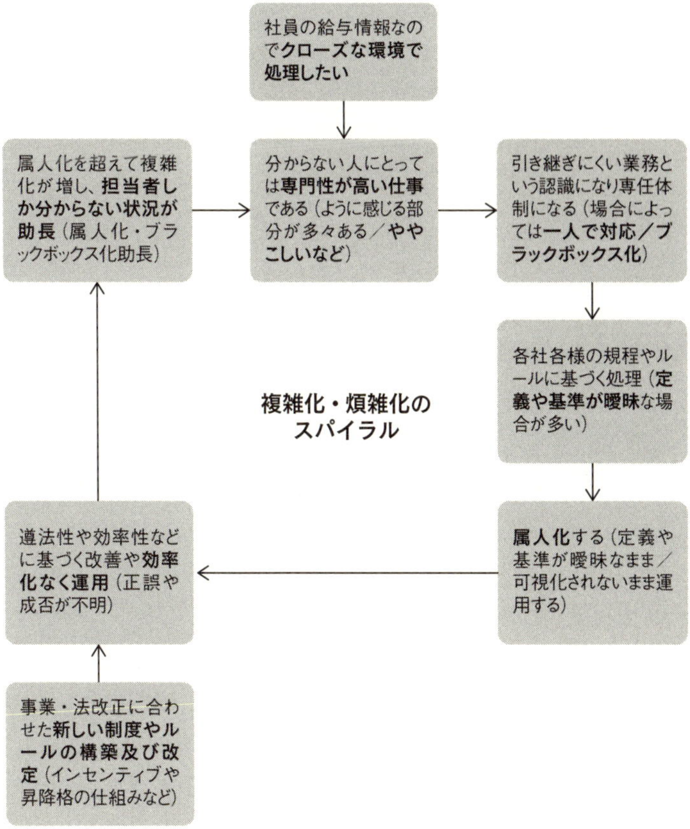

- 社員の給与情報なのでクローズな環境で処理したい
- 分からない人にとっては専門性が高い仕事である（ように感じる部分が多々ある／ややこしいなど）
- 引き継ぎにくい業務という認識になり専任体制になる（場合によっては一人で対応／ブラックボックス化）
- 属人化を超えて複雑化が増し、担当者しか分からない状況が助長（属人化・ブラックボックス化助長）
- 各社各様の規程やルールに基づく処理（定義や基準が曖昧な場合が多い）
- 属人化する（定義や基準が曖昧なまま／可視化されないまま運用する）
- 遵法性や効率性などに基づく改善や効率化なく運用（正誤や成否が不明）
- 事業・法改正に合わせた新しい制度やルールの構築及び改定（インセンティブや昇降格の仕組みなど）

複雑化・煩雑化のスパイラル

できないのであれば、間違いがあっても分からない。誰も気づくことなく、何年も放置されてしまうことにもなりかねない。

　また、一人ないし少数で給与計算を担うには、そもそも労働力が不足している場合がある。

給与計算のみを専ら担うのであればまだしも、労務管理も担当するのであれば、関連法令の改正や行政からの指導に常に注意を払い、対応せねばならない。それらを正確に理解しておかなければ、知らないうちに法律違反が常態化していたなどということにもなりかねない。

　給与という重要な個人情報の保護という観点からはどうだろう。一人、あるいは少数の社員に多くの社員の情報を委ねておくことに危険はないだろうか。万一、情報が漏洩し、それが公になれば、SNSでたちどころに拡散していく時代である。会社の社会的な信用に大きなダメージを受けることになるだろう。

アウトソーシングを契機に、周辺の仕事の見直しも

　給与計算におけるさまざまな問題は、アウトソーシングをうまく活用することが、解決の第一歩になる。アウトソーシングによって内部で行っていた業務を減らし、その分、緊急性のある課題に人員を充当することもできるだろう。

　まず、守るべきは法律である。労働時間を記録していないのであれば、それが可能な仕組みを導入する。勤務時間を記録できるクラウド型のシステムを採り入れるなど、職場の実態に合わせて、最適な仕組みを導入するように検討する。

　会社独自のロジックやルールについても見直しを図る。特殊と思われるルールは、一般的なものと比較しながら、誰にとっても受け入れやすいものに変えていく。

　給与計算のロジックを可能な限りシンプルにするため、計算を

複雑にしている要素を見直していく。会社独特の諸手当などを改善するため、必要ならば人事制度そのものを見直していく必要があるだろう。計算式がシンプルになれば、間違いは格段に減っていく。結果的に、正確で迅速な給与計算が可能になるであろう。

○人事制度の見直し

給与計算のために、人事制度そのものを見直すことに、やや違和感があるかもしれない。確かに、給与計算の効率化のために、人事制度を変えることは、人事制度の本来の目的である"社員のパフォーマンスを最大化する"という観点から考えると、やや目的を間違えているようにも感じる。しかし、実は、給与計算そのものが複雑になるほどの人事制度の場合、その人事制度から発信している社員へのメッセージも複雑化している可能性もあるのである。つまり、"社員のパフォーマンスを最大化する"ための仕組みが機能していない場合もままあるのである。

○情報収集のルールの整備

次に、給与計算をシンプルに、正確に行うための過程として整備したいのが、情報収集のルールである。

たとえば、締め日である。社内の締め日を無視して、営業交通費や出張手当の精算をなかなか行わない社員がいたとする。こういった"いい加減な態度"が社内に横行すれば、いつまで経っても給与計算はできず、人事の仕事の効率化はいっこうにかなわない。また給与は社員が給付を受ける権利があるため、締め日遅れの精算を、人事部が目をつぶって対応している場合も少なくない。この場合、給与計算の効率化は実現せず、慢性的に後手の処理体制

になる。

　そこで、給与計算を外部の会社にアウトソーシングする場合がある。アウトソーシングする場合、"今後は外部機関が給与処理をするため締め切り期限を超えると、翌月精算になる"と社内にアナウンスする。そうすると社内に緊張感が生まれ、問題行動のある社員も甘えは通用しないという心理になるだろう。つまり、アウトソーシングという"外圧"をうまく利用すれば、社内にルールを浸透させていくことが可能になる。

　また処理ルールそのものをシンプルにすれば、情報収集をはじめとする給与計算にまつわる周辺業務全ての工数を、大幅に下げることもできるのである。

　支払いサイクルも課題になる場合が多い。会社として早く給与を払ってあげたいといった社員目線は非常に重要であるが、勤怠や給与の締め日から数営業日で支払いを行っているような場合、勤怠・給与担当者は休日に出勤して処理しているケースもある。当然短い期間の集中処理は、計算間違いなどのリスクが大きく、瞬間的な長時間労働を誘発する。また、あまりにも締めと支払いの期間が短い場合には、アウトソーシング会社側にリスクと認識され、敬遠される。そのために給与計算のアウトソーシングができず、給与計算そのものが足かせになってしまっているケースもある。

　弊社では、給与計算の際に必要になる、これら業務そのものの見直しや、フローの整理などについても、相談に乗りながら支援を行っている。この"相談相手ができる"という側面については、アウトソーシングの意外なメリットとして評価をいただくことが多い。

また、必要であれば、給与額の根拠となる評価制度をはじめ、人事制度にさかのぼって整備し直すといったサポートも行っている。計算のために必要な情報収集の仕組みを根本から構築し直すこともある。

クラウド型システムとの併用でさらなる改革を

　人事管理システムの導入によって、より効率的、かつ創造的な仕事も可能になる。弊社では、給与計算のアウトソーシングと同じくして、人事情報を一元管理することも推奨している。

　人事情報の一元管理は、人事の仕事そのものを定型化して効率化するだけでなく、全社員の情報をもとにタレントマネジメントを進めて適材適所を徹底するなど、人事情報を経営に活かすための土台となる。

　たとえば、入社したばかりの社員の、氏名、生年月日、住所などの基本的な情報を電子情報として一元管理する。以前ならば、所定の書類を本人に渡し、そこに書き込んでもらったものを回収して、必要ならば改めて人事部の社員が手入力し直すなどしていた。だが、手入力することが繰り返されれば、その工程で間違える確率は増えていく。そこで、クラウドなどの人事管理システムへ、本人に直接、入力してもらうようにすれば、人事部の手間が省けるだけでなく、間違いを減らすことができる。

　働き始めてからも、どの部署に配属されたのか――、どの等級に属するか――、などの基本情報はもちろん、何を目標に日々の仕事に向かっているのか――など、目標もその評価も全て一元で

管理する取り組みが弊社では重要と考えている。

　つまり、人事管理システムに情報が一元で管理されていることで、社員の成長の度合いが、ひと目で把握できるわけである。

　給与計算もそれらのシステムで管理している情報を用いれば、大幅な合理化が可能になる。等級に応じた基本給、住所をもとにした通勤手当、身上異動の情報からは家族手当などの諸手当の額を簡単に算出することができるであろう。営業成績なども記録し、成果に応じた営業手当などの計算もたやすくなると考えらえる。総社員数をはじめ、社員の平均年齢や勤続年数、部門別、役職別の人員数、有資格者数など、会社全体の人材の情報を把握することも、人事情報を一元で管理すれば、それら統計情報を一瞬で呼び出すことができるであろう。もちろん、全社員のトータルの給与をはじめ人件費の計算もたやすくなる。

　経営としてどのような人材が活躍しているのか――、どのような人材を採用したいのか――。会社全体の人材の情報を俯瞰しながら、次の戦略を練ることも可能になる。

　クラウドで人事情報を一元管理する方法は、会社を守ることにも役立つ。2011年3月の東日本大震災の例を振り返るまでもなく、災害時に、いかに業務を継続させるかが、各会社の大きな課題になっている。仮に被災して社内のシステムの運用が不可能になったとしても、クラウドに情報が残っていれば、すぐに業務を再開することが可能になる。

アウトソーシングで会社はここまで変わる

　このように、クラウド型の人事管理システムを用いて、人事情報の管理のあり方も見直すことで、従来はごく限られていた層だけが扱っていた人材情報を、店舗や拠点といった現場でも活用できるようになり、迅速な決断で、的確な対策を実行に移すことが可能になる。また人事の仕事も分散化され、本社と店舗や拠点間の人事情報のブラックボックス化は解消されていくと言える。

○ドラッグチェーンの事例

　ここで一つ事例を紹介したい。全国展開しているドラッグチェーンの事例である。

　このドラッグチェーンは、弊社へ給与計算のアウトソーシングを依頼したことにより、本部の人事部門の仕事の大幅な合理化を実現したが、効果はそれだけではなかった。

　より本業の仕事を活性化したいと、給与計算のアウトソーシングと同時に、業務の最前線である店舗へ大幅な権限委譲を実行した。このことで、店長による人材の採用や教育、評価、勤怠管理などを可能にしたのである。

　店舗では、新たな社員の採用などは店長の裁量で行い、その後の勤怠管理や仕事への評価、さらに指導や研修、OJTなどの人材育成についても、クラウド型の人事管理システムを用いて一元管理したことで、店舗主導で、採用・教育・評価・勤怠管理を全て進められるようにした。

　店長は、採用した社員の情報をシステムに入力し、現場で人材

管理を進めていく。時間帯に応じてどれほど人を投入すれば良いのか、人件費と照らし合わせながら、最も効率の良い人材配置を計画し、すぐに実行に移せるようになった。

採用や人員配置ばかりでなく、店長は社員を評価するたびにその情報も入力し、また、社員がある程度経験を積めば、研修も計画するようになった。

さらに、長期的な人材育成も店舗で考えられるようになり、店舗運営は軌道に乗り始めた。現実に、各店舗での売上、利益は大幅にアップしていった。チェーン全体の店舗展開も順調に進み、数年で社員は倍増した。

この事例では、アウトソーシングを単に仕事の合理化の手段と考えるのではなく、本部から現場への権限委譲のきっかけとし、さらにクラウド型の人事管理システムを活用したことで、現場の責任者に自律性を芽生えさせることができた。

店舗の社員の勤怠管理ひとつとっても、本部が情報を吸い上げ処理していれば、店長の当事者意識は希薄なものにしかならない。だが、店長自身が全社員を把握するようになり、店舗を運営しているという実感を持たせることができたことが、今回のアウトソーシングを通した一番の成果なのだろう。

その後、その会社では、店長になるための必要なスキルとして、「労務管理」を加えた。権限委譲後の店長の育成要件もこうして明確にすることができたわけである。

弊社では、給与計算をアウトソーシングする一番のメリットとして、会社本来のコア業務に集中できることをあげてきたが、ドラッグチェーンの事例は、それを果たした好例と言えるだろう(図

図表 6-6　給与計算をアウトソーシングするメリット

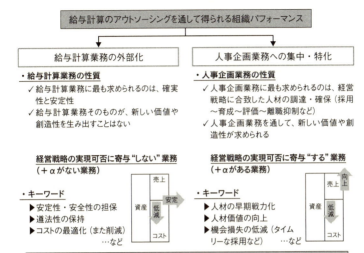

表6-6）。

○シェアード会社の事例

 また、次のような事例もある。グループ会社内で、シェアード会社を立ち上げ、そこで給与計算業務を一括で管理し、運用していた大手企業グループがある。複数のグループ会社で共通して行っている業務、つまり、人事をはじめとする経理や総務などの間接部門の業務を集中管理したのである。

 このシェアード会社は、設立当時は自社で複数のグループ会社の給与計算を行っていた。しかし、数年後に、そのグループ会社

から弊社にアウトソーシングの依頼が来た。グループ内の会社では、業務の集約に限界があった。締め日の期限を守らなかったり、それに無理をして応じたり、グループ会社ということで甘えを認めると、緊張感は薄れ、業務が成り立たなくなる。そこで、アウトソーシングによって再び緊張感を取り入れようとしたのである。

◯自社に合った戦略的なアウトソーシングを

　会社の規模が小さなうちは、個人で活動している社会保険労務士や税理士に給与計算の仕事を依頼するのも良いだろう。しかし、事業規模が大きくなることで、いずれ社会保険労務士や税理士では対応することができず、戦略的なアウトソーシングを検討する段階に入ってくるだろう。そうなると自社のニーズを見極め、必要な機能を組み合わせてアウトソーシングすることで、大幅な合理化を達成できる。

　同時に、その過程で浮かび上がってきた問題に対処していくことで、会社が抱えていた根本的な問題の解決の道を開くことができる。さらに、人事制度そのものを見直したり、より広い視野で、創造的な施策を進められるようになるだろう。

Chapter 7

インターネットによる
採用マーケティング

就職・転職では当たり前のインターネット利用

　かつて就職活動といえば、大学の就職課の掲示板に張られた求人票に目を凝らしたり、新聞や就職専門雑誌の求人欄を懸命に読み込んだりと、一般的には"紙媒体"が頼りだった。採用を進めたい会社にとっても、どの媒体を選ぶのかというプロセスはあったものの、それは"紙"の中での選択であった。

　だが、1990年代後半を境に、インターネットの登場で様相は変わった。現在、仕事で、あるいは日常生活で、インターネットを利用しない人はほとんどいない。また、スマートフォンの普及で、さらに私たちの生活は大きく変わった。いつでもどこでも求める情報を得られるようになり、通勤・通学途中の電車内や職場の休憩時間や食事時などでも、多くの人が始終、スマホの画面に見入っている姿は日常よく見かける光景になっている。

　総務省の調査によれば、2017年、インターネットを利用する人の割合は、13歳から59歳まででは9割を超え、端末としてスマートフォンを利用している人は、13〜19歳で82.2％、20代、30代では9割超、40代でも8割を超え、50代も75.1％が利用している（『平成30年版情報通信白書』より）。

　そして、会社にとっての採用活動もインターネットの活用なしにはあり得ない。むしろ、インターネットを活用しないまま採用活動を続けているならば、他社から遅れ、大きなダメージを被ると言っても過言ではない。これは単に採用のための情報提供方法を、"紙"からインターネットへと変えれば良いということだけではない。

いまは、インターネットの普及により、採用する側とされる側、双方向で情報交換ができ、採用に至るプロセスそのものも大きく変化している。

　会社が採用のために情報提供する場としては、いわゆる求人ポータルサイトが代表的だが、ツイッターやフェイスブックなどのSNSを通じて、日常的にコミュニケーションを図る動きはかなり以前から続いている。現在は、スカウティングサイトという、求職者が登録すれば会社側から声をかけるサイトが注目され、利用者を伸ばしている。

　このように、採用活動・就職活動において、情報提供や情報交換の手段は多様化している。会社にとっても、大量の情報が得られるようになったことで、それを分析したり、効果測定を行うことで、より緻密な採用活動が可能になった。そうしたインターネットならではのメリットを実感しているはずだ。

　だが、次々と現れるインターネットに関連した新しいサービスの中で、いったいどれをどう使えば、求職者に最も望ましい形でアプローチできるのか──、そして実際に採用へ至ることができるのか──、迷っている会社も少なくない。

　どのようにインターネットを使いこなすべきか、まず求職者の目線に立って整理していく。求職者の目線で整理することで、会社側がインターネットを用いて、どのような対策をすれば良いかが整理していけるだろう。

求職者の背景、目的によって使い方は大きく異なる

いまでは、就職・転職活動に際してほとんどの人がインターネットを使っている。しかし、その流れには段階があり、大きく四つのプロセスに分けることができる。そしてそれぞれのプロセスで、インターネットは異なる使い方をされている（図表7-1）。

フェーズ1：検索を始める

まず、インターネットを利用する際に、知りたい情報や見たいサイトを探すために、誰もが行うのは「検索」である。これは就職・転職活動に関しても例外ではない。

グーグル、ヤフーなどの一般的な検索エンジンを用いて、求める就職・転職情報を探す。いまではIndeedのような採用情報に特化した検索エンジンも存在する。

後述する求人ポータルサイトでは、会社情報を探そうとすると、そのポータルに登録された会社しか出てこないが、検索エンジンを用いれば、広く多くの会社を見つけることが可能になる。

最初に検索するという行動は、求職者ならば誰でも共通している。しかし、どのようなキーワードを入力して検索し、どのサイトへ向かうかは、その人がどういうバックグラウンド（目的や意図、持っている知識など）で就職・転職活動をしているかによって変わる。

たとえば、これから就職活動を始めようという学生の場合、初めから狭く職種や会社を絞り込むのではなく、大学の就職課やキャリアセンターなどの指導のもと、いくつかの新卒向け求人

図表 7-1　インターネット使用「四つのプロセス」

フェーズ1	フェーズ2	フェーズ3	フェーズ4
検索を始める	広く情報を一覧する	興味を持った会社の情報を収集する	マイナス情報を探す
一般的な就職ポータルサイトや専門に特化したサイトなどを検索	幅広く情報を収集しながら、候補となりそうな企業を探す	ピックアップした企業の情報をそれぞれ詳細に調べる	いままで見てきた情報の信憑性を確認する

ポータルサイトを通して、業界、業種を意識しながら、手探りで就職活動を始めようとするだろう。つまり、まず向かう先は、ごく一般的な求人ポータルサイトになるだろう。

　求人ポータルサイトは、就職に関する幅広い情報が揃っている。人材を求めている会社の情報はもちろんだが、それ以外に、会社の採用活動はどのように進められていくのか——、自分はどのように選考活動に進んでいけばいいのか——など、就職活動に関する一般的な流れが確認でき、実際に会社を探し、アプローチすることも可能である。

　求人ポータルサイトには、広く職種を網羅した大手もあれば、職種を絞り込んだ専門サイトなどもある。多くの求職者がまず向かうのは、大手が運営している幅広い情報を掲載した求人ポータルサイトであろう。

　一方、就職・転職活動をしている人の中には、すでに働いた経験を持つ人もいるだろう。たとえば、すでにデザイナーとして働いている人が、デザインの仕事を探して就職・転職活動を進める

ケースである。あるいは専門学校でデザインを学び、仕事としても最初からデザイン関連の会社に絞り込んでいる人である。

そういう人ならば、検索のキーワードとして、いきなり「デザイン　求人」と入力するかもしれない。その結果、導かれるのが、専門に特化した就職・転職サイトである。

専門に特化した就職・転職サイトはデザイン系ばかりではない。建築、医療系（メディカル）、IT、ベンチャー……など、専門分野に特化したサイトはほかにも無数にある。このような職種別のものだけでなく、地域別や世代別に特化したサイトもある。

インターネットを用いた就職・転職活動のアプローチは、職種を絞り込んで探しているのか──、なんとなくある業界に興味を持っているのか──、漠然と就職したいと考えているだけなのか──など、求職者が目指しているところによって全く異なってくる。

同じことは、会社側にも当てはまる。自社では、どのような人材を求めているのか──、Webデザインのできるデザイナーが必要なのか──、営業職なのか──、リーダーシップを備えた将来の幹部候補生を求めているのか──。求職者の行動が異なるように、会社が求める人材によっても、採用活動のあり方は変わる。これについては追って触れていくことにする。

徐々に絞り込んで複数の会社にたどり着く

フェーズ２：広く情報を一覧する

　たとえば、就職活動にいそしむ学生は、求人ポータルサイトで情報を得ながら、自分なりの採用までの道のりを思い描きつつ、具体的な会社を探す。実際に求人ポータルサイトの中で、勤務地、業種などを絞り込んで、会社を検索する。

　しかし、1社を見つけたからといって、すぐに接触を試みようとはしない場合が多い。同じような条件を満たす会社を探したり、少し条件を変えて新たな企業を見つけようとしたりと、広い範囲の中で、比較しながら、"これは"と思う会社をピックアップしていくわけである。

　検索を通して、自身が望む会社までたどり着けばその検索で使ったキーワードを変えながら、同種のほかの会社も検索するだろう。一つの求人ポータルサイトの中で、意に適う会社が見つからない時も同様である。

　検索の過程で自分の目指す業界や地域などの条件が明確に見えてくれば、検索で使ったキーワードを変えながら、意に適う求人ポータルサイトを探し、改めてそこで具体的な会社を探し始める。

　いずれにせよ、1社に決めるのではなく、候補のいくつかの会社を見つけて見比べるはずである。たとえば、デザイナーとして働くなど、初めから職種を絞り込んで仕事を探している人はどうするのだろうか――。その場合も同様である。

　最初から職種を絞り込んでいた人は、一般的な求人ポータルサ

イトを利用することもあるだろうが、職種に特化したサイトを見つけ、同じように会社を検索していく場合が多いと言える。なぜなら、職種に特化したサイトのほうが、求める会社が揃っている可能性が高いため、応募したいと思う会社を見つける可能性も高くなるからだ。

　特定職種の求人を検索する場合、初めから特化したサイトを見つけ、そこで具体的な就職先を探し始めることが多いと思われる。しかし、やはりいきなり1社に決めることはせず、いくつかの候補を見つけ、比較検討していくだろう。

　一般的な学生の就職活動も、職種を絞った専門分野の就職活動も、ある程度まで進めば、条件に合ういくつかの会社を探し出し、比較検討する。その行動パターンは共通している。

　会社側から見れば、求職者が選ぶ"就職先候補一覧"の中に自社が残らなければならないのである。そしてそのためには、求職者のフェーズ1、フェーズ2の行動から分かるように、職種を絞らずに求人するのであれば、一般的な求人ポータルサイトを選ぶ。職種を限定したり、限られた地域、あるいは特定分野で経験豊富な人材を求める場合は、その職種や条件に合った特化したサイトを選び、会社は情報を発信する必要がある。

求める人材に合わせた求人サイトの選び方

　一般的な求人ポータルサイトへ、情報を求めてアクセスする求職者には、まだ自分が何をやりたいのかが、明確に分かっていない者も少なくない。そのため、できるだけ幅広い情報の中で、自分の進むべき道を探ろうとする。多くの求職者の中から人選したいのであれば、知名度のある大手ポータルサイトを利用すれば、

比較的大きな"母数"を得ることが可能になるであろう。

しかし、サイトに求人情報を掲載する会社は多数あり、またその掲載フォーマットもテンプレートで決まっているため、情報の中に埋もれてしまい、会社の個性を出し切れないリスクもある。

一方、とある領域に特化したサイトには、エンジニアのための求人サイト、デザイナー、ライター、カメラマンなど、クリエイターに特化したサイト、あるいは医療関係、介護関係の資格を持つ人のための求人サイトなどさまざまある。またあるいは、一定の地域に強いサイトも存在する。このように職種や地域などに特化した人材を求めているであれば、特化した専門のサイトを活用すると良いであろう。

求人ポータルサイトの中には、求職者が自分の作品を掲載できるクリエイティブ専門のサイトがある。そういったサイトを活用すれば、求職者のことをより深く知りながら、質を重視した選考をすることが可能になるだろう。だが、それらの専門サイト自体の知名度が低いのであれば、そもそも訪れる求職者が少なく母数は期待できないかもしれない。

ページの改善を繰り返し、求職者を惹きつける

求人サイト内の各会社のページの"裏側"には、どれほどの人が見たのか、どれほどの人がエントリーしたのかなどといった、ページビューやエントリーなどの情報を、閲覧・管理できる仕組みになっている場合が多い。ほかにも、会社が求めている人材像に当てはまる層は見ているのか、または見ていないのか——、見ているとすれば、どの情報に反応を示したのかといった、求職者の反応に関する情報を提供している場合もある。

こういった情報から、自社のページへの来訪者の傾向を割り出し、会社が提供・掲載する情報が適切かどうか、それとも別の情報が望ましいのか、あるいはより効果的な見せ方があるのかといった観点から改善を繰り返し、求職者にとってより魅力的なページへと改良していく必要があるであろう。

ポータルサイトからコーポレートサイトへ

フェーズ3：興味を持った会社の情報を収集する

　求職者は、自分に合った求人ポータルサイトを見つけ、そこで検索して条件を満たすいくつかの会社を見つけた。そこまでがフェーズ2である。

　いくつかの会社を取り上げ、その中でどれが自分にとって最も適しているのか——。フェーズ3では、いよいよ一つひとつの会社の情報を詳細に見ていく段階に入る。

　求人ポータルサイトに掲載する求人情報は、掲載する内容の様式や分量も限られたものになるため、求職者がエントリーする上で、必ずしも十分な情報量（または質）とは言えない。それを見て会社との接触をする人もいるであろうが、一方で、求人ポータルサイトの情報以上に、さらにその会社について詳しく知りたいと思う人は多いだろう。その際、求職者は、その求人ポータルサイトからいったん離脱して、グーグルやヤフーなどの検索画面に戻り、改めてその会社を検索するはずである。会社がつくるホームページ——コーポレートサイトへ飛んで、コーポレートサイト

を閲覧し始める。

　一般的なコーポレートサイトは、必ずしも仕事を求めている人のためにつくられているわけではない。多くの場合、企業理念やビジョンに始まり、代表者の挨拶、業務の詳細などが掲載されている。しかしこれらは、求職者というよりも、新規や既存の取引先、またはビジネスパートナーを想定してつくられている。そのため、これらの情報だけでは、求職者が選考に進むか否かの判断をするためには、不十分と言える。

　また一方で、コーポレートサイトに求人情報が掲載されていることもある。しかし、それらの多くは、社名や所在地、連絡先、給与額や休日、福利厚生など、定型的な内容にとどまっている場合が多く、求人ポータルサイトで得たものと変わらない。とすれば、コーポレートサイトで得た情報によって、求職者の会社に対する興味関心やエントリーに対する意欲は高まらない。

　求職者がコーポレートサイトで知りたい情報は、自分がもし、この会社で働くことになればどうなるのか──。つまり、自分が働く姿をイメージできる情報なのである。

社員の声やキャリアパス、仕事内容などを盛り込む

　たとえば、先輩社員の声を載せているコーポレートサイトがある。入社して2〜3年目の社員がインタビュー形式で自分の仕事について語る内容である。またあるいは、募集職種の一日の業務スケジュールがあるなど、そのようなページがあれば、求職者は入社後の自分の姿を重ねて見ることができる。

　その後、どのようなキャリアをたどっていくのか──。入社2〜3年目の先輩、マネジャーとして働いている人、さらに部署全

体をまとめる上級役員クラスなどの、コメントやインタビューがあれば、10年後、20年後の自分の姿も想像がつき、会社の雰囲気を知ることもできるであろう。

　掲載する情報として、ほかにはキャリアパス。営業と技術で、仕事の内容も将来の道も異なる会社もあるだろう。また営業職の中でも、取り扱う商品やサービスの分野によって分かれていたり、技術職も同様に細かく分業化されていることもあるであろう。これらの職務の経験の道標となるキャリアパスが、事例とともに明示されていれば、より具体的に自分の将来の姿を思い描くことができるであろう。そして、実際の仕事の内容など率直に語ってくれる先輩の姿に、求職者は安心感や親近感を覚えるに違いない。

　また、文字だけではなく、画像が多くあればイメージはさらに膨らんでいく。先輩社員の顔写真はもちろん、働いている現場の写真などを豊富に掲載すれば、求職者に自社での仕事をよりイメージさせることにつながるであろう。

　会社によっては、コーポレートサイトとは別にこれらの内容を盛り込んで、求人のための特別なサイトをつくっているところもある。また最近では、求職者はこれらの情報をスマートフォンで見ることがほとんどであるため、スマートフォンに最適化された求人サイトは必須と言える。

情報は正確なのか、嘘はないのか、信憑性を確認

フェーズ4：マイナス情報を探す

　フェーズ3までを経て、コーポレートサイトまで覗くことで、会社の方向性や雰囲気、またともに働く社員のイメージ、そして自分自身の成長モデルを理解する。

　だが、ここに掲載されている情報は本当のことなのだろうか。会社が都合の良いことだけを載せていて、入社してみたら実は全く逆であったというような恐れはないだろうか。

　そこで、次に求職者が行うのは、これまで目にしてきた情報の信憑性の確認である。つまり、会社のマイナス情報を探そうとするのである。

　ある口コミサイトでは、会社名を入力すると、その会社で働く人の本音（と思われるような）が書き込まれており閲覧できる。まず、求職者が知りたいのは、離職の状況と理由である。離職率そのものの数値を見つけることは難しいが、離職した人や離職しようとしている社員の声を確認する。その数が多ければ、求職者は不安を抱くであろう。その後、知りたくなるのが、離職した理由である。これまで得てきたプラスの情報と突き合わせ、著しく異なるような記述があれば、疑念を持つことになると言える。

　もちろん、求職者もこのようなサイトの情報を全て鵜呑みにしているわけではない。仕事をしていれば楽しいことばかりではなく、難しい場面もあれば、社内の人間関係に悩むことも少なからずある。また会社に対する不平不満があってもおかしくはない。

だが、それ以上のマイナス面、たとえばセクハラ、パワハラなどの記述があったり、離職した社員の離職理由に説得力があれば、求職者は会社への接触を考え直すかもしれない。会社側としては、このフェーズ4まで想定して、インターネットの中で配信・発信する情報を準備する必要がある。

　まず、社員が本音を寄せるサイトで、自社がどのように語られているのかを確認する。ただし、悪い噂はどこにでもあるので、ある程度は許容することも大切であろう。もし仮に、投稿した社員を探し出して……というようなことをすれば、社内の雰囲気は悪化し、かえってマイナスの投稿を増やすことにもつながりかねない。あくまで社員側の意見として、真摯に受け止める姿勢も必要と言えるであろう。求職者も噂をそのまま信じているわけではない。同じ出来事を良く捉える人もいれば、悪く捉える人もいるのである。

　だが、もしそれらのサイトに事実無根の誹謗中傷を掲載されているのであれば、すぐに対策を講じる必要がある。まず、サイト運営会社に連絡して該当する投稿の消去を要請する。応じなければ弁護士に削除依頼をすることもできる。それでもサイトが応じなければ、ネット上でのトラブル解決の専門家に相談するなど、対応方法は実はいくつもある。

求職者の行動を理解した上での対策を
　フェーズ1～4を通して、求職者の動きに沿って、どのような対応をするべきかの概要を整理した。ここに記載したのはあくまで概要であり、具体的に対策をしていく上では、詳細な戦略を立案し、その戦略に沿って対策していく必要がある。

ここで大切なことは、求職者の行動を理解した上で、その行動に沿って対策していくということである。求人媒体は、紙媒体から始まり、いまではインターネットが当たり前になっている。しかしこのインターネットを"対話のツール"として見ている会社は、まだ多いとは言えない。自社が発信したいことだけでなく、求職者が見たい、聞きたいことが何なのか、またどのようにそれらを調べるのかに着目し、"対話のツール"として活用する必要があると言える。

　また「求職者目線」で自社のサイトにたどり着くまでの道筋を描き、どこにたどり着くまでのハードルがあるのか、またサイトを閲覧している中で、離脱するリスクがあるのかなどを事前に予測し、求職者が見たいタイミングと場所で、求める情報を提供する。障害となるものは事前に対処し、滞りなく進めるような道筋を整備することが、採用を成功させる要点となる。

もう一つの情報伝達手段、インターネット広告

　求人情報の提供の場として、これまで求人ポータルサイトを想定して話を進めてきた。しかし、求める人材に情報を届ける手段はそれだけではない。求人ポータルサイトではなく、インターネット広告を使って求人情報を掲載するという方法もある。インターネット広告の主な形態としては三つの種類が上げられる（図表7-2）。

　一つ目は検索連動型広告と呼ばれるものである。グーグル、ヤフーなどで検索すれば、検索結果に沿って広告が並ぶ。広告料の

図表7-2　代表的なインターネット広告

検索連動型広告	グーグル、ヤフーなどで検索すれば、検索結果が並ぶが、広告料を支払うことで、その上位に掲載されるようになる。求職者がインターネット上で情報を得るために「検索」は切り離せない行動であるため、親和性の高い手法である
バナー広告	就職関係に限らず、多くのサイトで見つけられる広告の形態で、ユーザーのプロフィールや検索履歴から目的や嗜好を読み取り、サイトをまたいでユーザーが求める情報を提供し続ける、リターゲティング広告と呼ばれるものもある
SNS広告	ツイッターやフェイスブック、インスタグラムなどは通常、ユーザー同士の情報交換の場として機能しているが、そのスペースの中で情報を発信する。やはりユーザーのプロフィールや閲覧の情報から、興味を持つと思われる内容を自然な形で挟み込み、効果を上げようという手法である

多寡で掲載される順位が異なる。フェーズ1〜4までで見てきたように、求職者がインターネット上で情報を得るために「検索」は切り離せない行動である。そういう意味で親和性の高い手法と言える。

二つ目がバナー広告である。バナー広告とは、情報サイトなどの中に掲示されているチラシのような広告であり、多くのサイトで見られる広告の形態である。また、検索するユーザーのプロフィールや検索履歴から、検索するユーザーの目的や嗜好を読み取り、サイトをまたいでユーザーが求める情報を掲示する、リターゲティング広告と呼ばれるものもある。

三つ目がSNS広告である。ツイッターやフェイスブック、インスタグラムなどは、通常はユーザー同士の情報交換・閲覧の場として機能しているが、そのスペースの中に広告を挟んで発信する。検索するユーザーのプロフィールや検索履歴の情報から、興味を持つと思われる内容を、自然な形で広告として挟み込んでいるため、昨今、効果を上げている手法である。

紹介した三つの広告は、検索連動型広告にしても、バナー広告にしても、SNS広告にしても、広告そのものに盛り込める情報は限られているが、クリックすることで(させることで)ほかのページへ遷移し、そこで大量の情報を自在に展開することが可能になる。また、ユーザーが過去に何を検索したのか、どのサイトを閲覧したのかなどの情報を分析することで、ユーザーの関心に即した情報を提示することもできる。

　採用活動を進める会社側からすれば、多くの人の中から、求める人物と合致するプロフィールの人を選び出し、その人がインターネットを利用する時、目の前に自社の求人広告を提示することができるわけである。インターネット広告を煩わしく感じる人もいるかもしれないが、慎重に使えば効果は高いと言える。

多様なテーマのメディアの活用も

　インターネット上には、ポータルサイトや広告のほかに、会社のことを伝えることができるメディアが数多く存在する。これらのメディアも求人情報や会社情報の発信元として活用すべき対象になる。

　よく見られるのがブログである。コーポレートサイトに社長のブログや社員のブログへのリンクを置き、ユーザーをブログへ導き、会社の雰囲気や取り組み内容、社長や社員の人柄などを、ブログを通して発信する。人によっては仕事の話題はもちろん、それに関する悩みやプライベートなことまで綴られ、会社案内のような公式な情報だけでは見えない、社長や社員の現実味のある姿

が見えてくる。社長の人柄を表現したり、リアルな社内の様子を伝えたりする上で役に立つ。

最近では、SNSを利用して会社から情報提供をしている例も多い。ツイッターやフェイスブック、ラインなどのSNSは、本来は個人同士を結びつけるコミュニケーションツールであるが、会社と求職者をつなぐツールになっている場合も少なくない。新卒採用における内定者とのコミュニケーションはラインで行っているという会社も少なくないだろう。日常会話の延長のようなコミュニケーションには堅苦しさはなく、社員個人が発言している（ように見える）姿に、多くの人は親しみを感じるだろう。時には個人の本音が垣間見えることもある。

また一方的な発言に終わらず、返信ができ、さらに、疑問があれば質問もできる。それに対しての返信が届く双方向のコミュニケーションに、魅力を感じる人は多いはずである。

新卒活動においては、特別なキャラクターを仕立ててみたり、猫に扮して社内を歩き回ってレポートしてみたりと、自由な発想で楽しませようと工夫を凝らしている。職場のイメージや"空気感"を伝えることで会社に興味を持ってもらえれば、公式のコーポレートサイトへ導くきっかけづくりにもなるであろう。

重要な人材要件の定義

ここまで、広告や情報発信について書いてきた。これらの広告、また求人広告を出稿するにあたって、"どのような人材を採用するのか"といった人材要件を決めることは、非常に重要である。

しかし、この人材要件を明確にせず、曖昧にしたまま、リクルーティングを行っている会社も少なくない。

たとえば、どのような人材が欲しいかと、人材要件を聞くと、「コミュニケーション能力が高い」「地頭が良い」などの答えが返ってくることが多い。だが、同じ「コミュニケーション能力」といっても、伝える力と、聞く力に分かれる。営業と呼ばれる職種であっても、業界や業種によって営業スタイルは異なる。具体的な製品を売る営業は、製品の利点をPRできれば良いのかもしれない。一方で、解決策をクライアントとともに考えていくようなコンサルティング営業であれば、まず、相手の話に耳を傾け、問題や課題が何かを探る能力が求められるであろう。また、的確に質問して真の問題や課題を探り、具体的な解決策を提案する力も求められる。単に"話がうまい人材"を採用しても、仕事を進めることは難しいと言える。「地頭が良い」も同様である。

どういう場面で、その能力を発揮するのか。極めて具体的な仕事の現場を想定して、そこで求められる能力を具体的な言葉にする必要がある。製造の現場ならば、実際に現場へ行き、操作すべき機器類を前にどのような能力を要するのかを詳細に確認する。営業ならば、実際の取引先とのテーマを想定して、交渉をいかに進めていくのか、そこで求められる能力を具体的に示していく必要がある。

人材要件を、より具体化するのに効果的な方法として、その会社で「優秀」と認められている実際の社員にインタビューする方法がある。その社員が入社してからの経歴を順番に追い、経験した仕事の内容をできるだけ具体的に聞き取っていく。特に成果を上げた仕事については、実際の場面を思い出してもらいながら、

何をどのように進めたのか具体的に話してもらう。また、その人の一日の仕事の流れなどを聞くことで、成果を上げるためのポイントが分かってくることもある。

　人材要件は具体的になればなるほど、また明確になればなるほど、インターネット上での絞り込み（ターゲティング）がしやすくなる。効率的、効果的なターゲティングを行う上では、まず人材要件を明確にする必要があると言えるであろう。

情報活用の計画と発信し続けられる体制づくり

　ここまでにまとめてきた通り、求人ポータルサイトでの掲載をはじめ、インターネット広告、ブログ、SNS、さらに特別なメディアなど、会社が情報発信するために、現在は実に多様な場がインターネット上に用意されている。これらの既存のサイトに、自社の情報を提供して掲載してもらうほかに、自らでサイトを制作し、運営する方法もある。

　多くの会社ではすでに自社のコーポレートサイトを持ち、情報更新に努めている。この情報更新は、社内で行っている場合もあれば、社外の専門会社や制作会社に委託している場合もあるであろう。では、採用関連のサイト運営や情報発信はどのように行っていくべきであろうか。

　採用関連のサイト運営や情報発信は、通常のコーポレートサイトの運営や情報発信とは全く異なる。また発信する情報の内容や掲載するタイミングも異なると言える。そのため、効率的・効果

的な採用活動を実現したいのであれば、可能な限りコーポレートサイトとは別に運営する必要があると言える。

　特に新卒採用を行っているのであれば、さらにその必要性や重要性は高い。既存の就活関連サイトを活用するだけではなく、自社で特別な採用サイトを立ち上げ、運営していきたいと考えている会社も多いだろう。

　ただ、人事部門を担う社員は全社員のうち約1％と言われており、それなりの社員規模にならなければ、サイト運営には十分な時間と労力は割けない。一方で、コーポレートサイトの運営や情報発信とは全く異なり、求職者が求める情報を、適宜発信していくことが、採用の成否を分ける。よって、最終的には自社内で取り組むことを視野に入れつつ、一時的には、外部の専門会社や制作会社への委託やアドバイスを求めることも有効であると言える。

○求職者目線を持つ外部との連携で　"サイトを常に魅力的に"

　採用関連のサイトを構築・運営していく上では言わずもがなだが、「求職者の目線」を意識して取り組む必要がある。また、インターネットの世界の技術も日々進歩しているため、それらの技術を活かしていく必要もある。サイトをつくる上で、文章だけでなく、写真などのビジュアルは欠かせない要素になっている。最近ではテクノロジーの進化とともに、動画を取り入れるサイトも増えてきた。さらに、サーバーに負担をかけることなく、目を引くのに十分な質の画像や動画をいつでも見られるような高い技術も求められている。またインタビューや写真撮影は、社内の社員が行うと、遠慮や甘えが出てしまいがちである。求職者が本当に

知りたい情報を引き出すためにも、「求職者目線」を持つ外部との連携は有効であろう。

　いったんサイトができ上がった後も、求職者の動向は日々変化している。求職者は何を知りたいのか、どういうサイトに惹きつけられるのか——、常に求職者の動向を把握し、それに合わせて内容を更新し続けることが重要。求職者にとって常に魅力的なサイトをつくり続けることで、採用を成功に導くことが可能になるのである。

Chapter 8

人事情報を活用した人材マネジメント

システムの導入で、業務の効率化と情報の活用を

　HRテックの名のもとに、人事関連業務のシステム化は、着実に進んでいる。現在では、採用に始まり、勤怠管理、給与計算、社会保険などの手続き、そしてタレントマネジメントに至るまで、実に多様なシステムが揃っている。それらのシステムの領域は大きく分けると、四つの領域に区分される（図表8-1）。

図表 8-1　HRテックの四つの領域

分　類	概　要
Applicant Tracking System 略称：ATS	企業の採用業務における、求人票の作成から応募フォーム、応募者管理などを一元管理するシステムを指す
Learning Management System 略称：LMS	社員のオンデマンド学習や、人材育成計画の立案、研修プロセスの評価など、主に人材育成に活用されるシステムを指す
Human Resources Information System 略称：HRIS	社員情報の管理や、給与管理や労務管理などの人事情報システム全般を指す
HR Analytics 略称：HRA	組織及び社員の能力・成果を測定、収集し、さらにそのデータを分析することによって、課題抽出や改善を可能にする手法を指す

　一つ目は、採用の領域である。Applicant Tracking Systemを略して、ATSと呼ばれる領域である。会社の採用業務全般の効率化や採用情報の一元管理を行うシステムを指す。

　二つ目は、育成の領域である。Learning Management Systemを略して、LMSと呼ばれる領域である。eラーニングシステムか

ら始まり、研修全体の管理、また受講者の管理など、人材育成全般に関するシステムである。

　三つ目は、人事管理の領域である。Human Resources Information Systemを略して、HRISと呼ばれる領域である。社員情報の一元管理、給与管理、労務管理、評価管理、タレントマネジメントなど、人事情報システム全般を指す。

　最後は、分析・診断の領域である。HR Analyticsを略して、HRAと呼ばれる領域である。社員個々の能力や成果、また組織全体のパフォーマンスや、モチベーションなどの分析または可視化をするシステムである。

　これら四つの領域を基本としつつ、新しいサービスの出現とともに、さらに細分化され、詳細な体系になっているのが現在のHRテックと言える。

○HRテックツールが人事部門にもたらした恩恵

　これらのHRテックツールの出現、またテクノロジーの進化によって、人事関連業務の効率化や問題課題の可視化など、これまでには実現し得なかったさまざまな恩恵を、人事部門は受けるに至っている。

　たとえば、属人化とブラックボックス化の回避である。人事部門の業務の一つの問題点として、属人化とブラックボックス化というものがある。人事部門は、多忙であるにもかかわらず、少人数、場合によっては、たった一人で、人事の仕事のいっさいを扱っているケースがある。とすると、人事関連の仕事は、その人を抜きには進まなくなり、ほかの社員で代替できない（属人化）、また処理の結果が正しいかどうかさえ、誰にも分からない世界に

なってしまう(ブラックボックス化)。特に中堅中小企業において、この属人化とブラックボックス化は、切実な問題でもある。また同種の問題として、ノウハウやナレッジの継承がある。たとえば、人事部長の頭の中に蓄積された社員に対する豊富な知見を、どのようにすれば、人事部門のノウハウやナレッジとして活用できるのか。

　属人化やブラックボックス化の回避、またノウハウやナレッジの継承など、これらの問題や課題が解決して、初めて人事部門は効率的、効果的な運営ができていると言えるであろう。そのためには、社内に埋もれた、また特定の人の頭の中にある暗黙知を、データ化することは必須事項とも言える。

　これらのデータを自在に活用することで、人事部門は、求められる人材を明確かつ定量的に定義し、そして採用、適材適所に配置することも可能になる。また社員に求められるスキルや能力を明確にし、目標を定め、適切な評価を行い、社員のモチベーションを高めていくことも、より効果的に進められるだろう。

　人事部門のとある誰か一人ができるではなく、人事部門の誰しもが組織としてできる。偶発的に優秀な人材が育つのではなく、計画的に優秀な人材を育てるなど。これらはどの企業にとっても解決するべき大きな課題と言える。

　これらの課題に対してシステムの導入がもたらす効果は、先にあげた属人化やブラックボックス化の回避だけではない。システムの導入により、人事に関連する大量の情報を容易に扱うことが可能になるため、求める情報を即座に引き出すことはもちろん、それを分析し、発現している傾向を見出すことで、思わぬ問題を発見することにもつながる。これまで経験と勘に頼り、一部の人

図表8-2 HRテックツールの目的別機能と効果

採用	配属	育成	退職
・求職者が**最適な企業**を選択しやすい ・企業が**優れた候補者**を迅速に特定しやすい	・<u>ミスマッチを防ぎ</u>、社員をそれぞれ適切な部署へ配置する	・eラーニングなどで従業員に対し**効率的に学習機会を与える**	・退職理由を分析することにより**組織の改善**に役立てる ・退職にかかる諸業務を**効率化**

管理・評価／福利厚生

- 社員の能力（才能、技能、経験値）を可視化・把握することで、**戦略的マネジメント**を行う
- マンパワーに頼ってきた業務をクラウド化やシステム化することによって**業務を効率化**する
- 複雑な定型業務を削減することによって、**バックオフィス業務の生産性を上げる**

情報共有・コミュニケーション

- AIが最適な仕事を提案してくれるサービスや、エントリー者と社員の関係にフォーカスしたソーシャルリクルーティングサイトなど、**個人と企業をつなぐ新しいプラットフォーム**を提供する
- 社内での利用に特化したSNSの提供など、社員同士をつなげるプラットフォームを提供することにより、**強いチーム、働きやすい環境**を形成する

事担当者にしかできなかった仕事であっても、大量のデータの裏づけにより、効果の高い汎用的な施策として進めることができるようになるだろう。

どこの会社でも、あふれるほどの人事情報が存在する。だが、その多くは活用されることなく、書棚のファイルボックスの中に、紙のまま眠っている。また本来はテクノロジーの力によって定型化し、効率化できる仕事も、整理されないまま属人化している場合も多い。

これらの情報やテクノロジーをうまく活用できれば、人事の仕事は、"100点を取って当たり前"、間違いが許されないストレスフルな定型業務から、人材の活かし方を考える、創造的かつ経営に直結する業務へと、シフトしていくであろう（図表8-2）。

すでにさまざまなシステムを導入している会社は数多くある。だが、情報を十分に活用しているかというと、そうとは言えない。なぜなら、情報は、採用、勤怠管理、給与計算、社会保険手続、評価、育成など、分野別に分かれた各システムの内部にとどまり、分野を超えて扱われることが少ないからである。

　つまり、人事情報をうまく活用するには、これらの情報を「一元管理」する必要がある。「一元管理」とは、多くのシステムで扱われているバラバラの情報を、1カ所につなげて管理することである（図表8-3）。

図表8-3　人事情報の一元管理

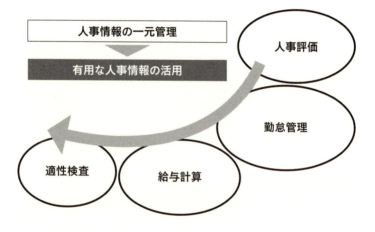

Chapter 8

豊富な人事情報を駆使して実現できるタレントマネジメント

昨今、人材マネジメントの一つとして注目を集めている手法に、タレントマネジメントがある。

タレントマネジメントとは、採用・配置・育成などの人材マネジメント全体のプロセスを経て中長期的な人材育成を行う観点と、持っている知識やスキル、仕事の経験、行動特性などを総合的に把握し、配置・配属などを行い、仕事のパフォーマンスを最大限に引き上げる観点からなる、マネジメント手法である。

ある部署へ人材を配置する際に、その人材の過去の経験や行動特性などを考慮して配属を行う。またあるいは、最良の関係となるであろう上司と部下を選んで配置する。また、常に新鮮な気持ちと緊張感を持って仕事に臨めるよう、同じ職場での勤続年数が長くならないタイミングで異動を行う。そうすれば、加えて新しい領域の能力開発にもつながる。何より、社員が得意とする分野を把握し、思う存分力を発揮できる部署に配置する。そのような取り組みが、社員の働く意欲を高め、高い成果を上げることにつながるはずである。これらを実現するのが、タレントマネジメントである。

人事部門の中のごく少数の人事情報に通じた担当者が、経験と勘で行ってきた採用、配属、異動、育成などの人事関連の仕事を、可視化するとともに科学的な方法に置き換えて、各社員の力を最

図表 8-4　HR テックツールによる人員構成分析：例

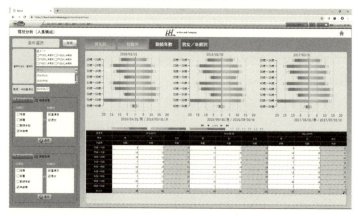

図表 8-5　HR テックツールによる報酬分析（賞与）：例

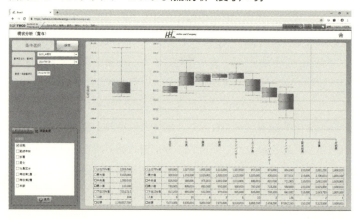

大限に引き出していく。タレントマネジメントも、豊富な人事情報をもとに実現することができると言える。各システムの中にバラバラに蓄積されている人事情報を一元管理し、分析、活用することで、人材の採用や配置、異動、育成などを、戦略的なものに

図表8-6 HRテックツールによる適性検査分析：例

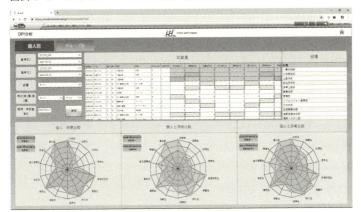

変えることが可能になる（図表8-4、8-5、8-6）。

このようにHRテックツールの出現により、分散して管理されている人事情報、評価情報、給与情報などのデータを収集し、蓄積することが容易になった。会社の社員数をはじめ、各人の給与、人件費の総額、退職率、評価結果などをリアルタイムで抽出したり、過去のデータとともに経年の変化を見ることもたやすい。部署別、等級別、職種別など多様な切り口でデータを取り出すこともできる。たとえば、来年度のための採用計画を立てようとする時、どのような人材が必要なのか、部署ごとに必要な人材要件や社員数を、登録また蓄積されたデータをもとに導き出すことができ、採用計画を円滑に立案することができるのである。

○これまでのシステムとHRテックツールの違い

昨今リリースされているHRテックツールは、これまでの基幹

系システムの代表とされてきたERP（Enterprise Resources-Planning）や人事管理システムとは異なり、具体的に何が違うのだろうか。これまでのシステムとの違いを少し考察したい（図表8-7）。

これまでの基幹系システムと昨今のHRテックツールとの違いはいろいろある。たとえばシステムの仕様。これまでのシステムは、システムそのものや関連するサーバーなどのハードウェアを含めて購入する形式のものが多かった。しかし、昨今のHRテックツールはクラウド型のものがほとんどである。クラウド型とは、HRテックツールを提供する会社のサーバーにアクセスをして、HRテックツールを利用するシステム仕様のものである。

つまり、旧来の購入型のシステムとは異なり、提供会社のサーバーにアクセスして利用する権利を購入するため、これまで導入時にかかっていた莫大なコストをかけずに、月あたりの利用費だけでHRテックツールを利用することができ、導入のハードルが低くなっている。

また、システムを所有（購入）するのではなく、利用することから、HRテックツールを提供する会社が、適宜HRテックツールのバージョンをアップしていくことで、常に最新のバージョンで利用できる。つまり、クラウド型のHRテックツールは、常に新しく、陳腐化せずに利用し続けることができるのである。

また、このような導入・運用における違いだけでなく、最も大きな違いは、従来の基幹系システムと異なり、社員が触るシステムである（そういうシステムの仕様が多い）ということであろう。

これまでの基幹系システムは、人事担当者のみが触るシステムであり、極めて限られた範囲で運用されるシステムが主であった。

このことから、システム内のデータメンテナンスが後手後手になり、常時、人事情報が最新化されていなかったり、また社員へ人事情報を共有することもないことから、そもそも現場にも人事情報を活用して部下をマネジメントする考え方が生まれなかった現実もある。しかしこのような状況を、HRテックツールの出現が変化させていっていると言える。

現在、HRテックツールを利用するのは、人事担当者だけでなく、社員にまでその利用範囲が広がり、リアルタイムに社員の情報を収集することができるようになった。

また、上司に部下の過去の評価結果や研修受講履歴、キャリアプランなどを閲覧できる権限を持たせることで、人事情報に基づく部下のマネジメントを促進することができるようにもなっている。クラウド型のHRテックツールの出現によって、これまでの閉鎖的な人事情報の活用から、オープンかつ戦略的な活用へと、

図表8-7　これまでの基幹系システムとHRテックツールの違い：例

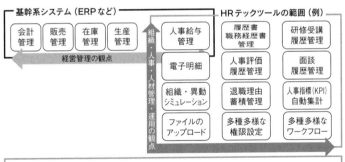

その活用の仕方は変化しているのである。

　HRテックツールの出現によって、さまざまな人材マネジメント領域の施策が容易に実現できるようになってきている。
　たとえば、採用において、どのような人材を採用すれば良いのか——、採用候補者との面談時に、何を問いかけて確認すれば良いのか——、何を採用基準とすれば良いのか——、などを明らかにしたい時は、過去〜現在の自社の優秀な人材の適性検査の結果の傾向をはじめ、仕事の履歴、異動履歴、仕えてきた上司の情報などを集め、人材要件を具体化することで、明確にすることができるであろう。これまでに蓄積されてきた豊富な情報により、会社独自の採用基準を確立するのである。
　また入社後は、これまでに入社したほかの社員の過去の情報を参考にしつつ、入社者が獲得・保有しているスキルや知識に応じた育成方法を考えることができるであろう。会社独自の長期的な人材育成の方針や指標を明確化することで、定量的な判断に基づいた適材適所の配置なども実現できる。各部署の行動特性や職務適性など、全体傾向を把握し、人材の行動特性や職務適性を調べて照らし合わせることで、どのような人材がその部署にとって最適なのか、マッチングを可能にするのである。
　中長期的な目線を持ち、さまざまな観点から人材を育成するサクセッションプラン（次世代経営者候補の育成）においても、HRテックツールは効果を発揮する。適切な人材を採用し、適切なタイミングで育成を施し、計画的に配置、異動を行っていく。これらの情報を定点的に追い、中長期的な目線で次世代の経営者となる人材を育成していくのである。

バラバラだった人事情報を1カ所に集め、目的に沿った形で活用すれば、企業経営に直結する活用ができるようになる。社員個々のパフォーマンスも、また、組織全体の生産性も最大限に向上させることができるようになるのである。また、このバラバラだった人事情報を1カ所へ集めることも、API（Application Programming Interface）連携を活用することで、容易に実現できるようになってきている（図表8-8）。

図表8-8　API（Application Programming Interface）連携とは

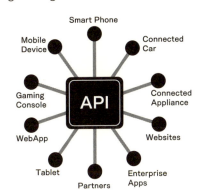

自己のソフトウェアの一部を公開して、ほかのソフトウェアと機能を共有・連携できるようにするものである。

ソフトウェアの一部を公開することによって、その一部を用いて外部からでもソフトウエアを利用することができるようになる。このAPI連携を行うことによって、自分のソフトウェアにほかのソフトウェアの機能を埋め込むことができるようになるとともに、アプリケーション同士で連携することが可能になる。

API連携とは、自己のソフトウェアの一部を公開して、ほかのソフトウェアと機能を共有・連携できるようにするものである。たとえば、Aというシステムにある情報を、API連携を行うことで、Bというシステムへ情報連携することができる。つまり、複数の人事関連システムの情報を、一元管理することが容易にできるようになっているのである。

多面的な情報で初めて明らかになる、離職の真の理由

　組織・人事の情報は、さまざまな情報をつなぎ合わせて、初めて原因と結果の関係（因果関係）が見えてくる。たとえば、離職の原因と結果であるが、勤怠管理の情報をつぶさに見ていけば、休みがちだったり、遅刻が多かったり、明らかに仕事から目を背けているような社員を見つけ出すことは可能だろう。そして、本人と面談するなどの手を打つこともできるであろう。

　しかし、言わずもがなであるが、離職の原因は、必ずしも勤怠管理の情報だけに現れるとは限らない。

○決して一つではない離職する理由

　離職する理由は職場にいくつもある。たとえば、離職の理由の一つとして考えられるのは、職場の人間関係だろう。上司、あるいは同僚、部下との関係がうまくいっていない——、それらの関係性により仕事が思うように進まない——。そのため出社したくない——。また一方では、自分は会社に貢献しており、もっと高い評価、あるいは厚遇されてもいいはずなのに、現状とのギャップに不満を感じたり、明るい展望を持てずに辞めようとする人もいるであろう。またあるいは、同じ仕事を長く続け過ぎたため、仕事に対して倦怠気味の社員もいるかもしれない。現在の部署に配属されたばかりの頃は懸命に働いたものの、何年も同じ仕事を繰り返し行っているうちに、意欲をすり減らしてしまったタイプである。ほかにも、時間の経過とともに、企業理念などの会社の考え方が理解できなくなってしまったり、賛同できなくなってし

まったという社員もいるかもしれない。

このように、社員が会社を辞めようとする理由は多様である。そして、また必ずしも離職する理由が、職場にあるとも限らない。家族や家庭の問題の場合もあれば、社員の個人的な理由である可能性まである。

このように、離職する理由を、真に見つけ出したいのであれば、勤怠管理の情報にとどまらず、人事に関連するあらゆる情報を集め、現れている事象や傾向を分析し、仮説を立て、因果関係を探り、最も影響の大きな要因を見つけ出して、優先的に対策を講じる必要があると言えるであろう。つまり、このような対策を講じる上でまずは情報の一元管理が非常に重要であり、情報の一元管理なくして原因を追究することはできないのである。

○真の理由を明らかにする要因解析四つのステップ

離職に至った原因を明らかにするためには、まず離職に関係するであろう原因を解析する必要がある。つまり、原因と結果との関係（メカニズム）を明らかにする必要があるのである。

図表8-9　要因解析とは

要因分析を行うためには、まず要因解析を行う必要がある

要因解析とは
原因と結果との関係（メカニズム）を明らかにすること

真の理由を見つけるために、まず必要になるのが、この要因解析である（図表8-9）。要因解析は四つのステップで進めていく（図表8-10）。

ステップ①／現状を把握する

情報を集めて現状を把握する段階である。離職がテーマであれば、離職した社員の勤怠管理から得られる出勤や欠勤、遅刻、早退などの定量データはもちろん、過去の面談で何を語ったのかなどの定性データも含めて、関連すると思われる情報を全て集める。その上で、データを集計し、数年間の変化をグラフに表すなど、傾向を知るためにデータを加工などし、全体像を摑む。

ステップ②／因果関係を洗い出す

ステップ①で得た情報をもとに勤怠管理の情報だけでなく、考えられる要因を仮説も含めて全て洗い出す。仕事に負荷を感じているのだろうか。職場の人間関係、特に上司との関係はどうだったのだろうか。また、給料への不満があったのではないか。家庭の事情もあるかもしれない。最近では親の介護で離職するケースもある。あらゆる要因を仮説も含めて洗い出していく。

ステップ③／構造化する

これらの要因を整理していく。同じようなものをグループ分けしながら構造化していく。仮説を立てながら見落としている要因がないか、要因全体の因果関係を整理し、構造的に整理する（図表8-11）。

ステップ④／数値化する

いよいよ真の要因を検証していく。考えられる要因を構造化することで、要因と要因の因果関係が見えてくる。どちらが原因でどちらが結果なのか。関係は強いのか、弱いのか。相関係数や回

図表8-10　要因解析のステップ

ステップ① 現状を把握する	・収集できているデータを用いて、現状を把握する

ステップ② 因果関係を洗い出す	・収集できているデータ同士の因果関係を洗い出す ・仮説となる因果関係も洗い出す

ステップ③ 構造化する	・洗い出した因果関係を構造化する

ステップ④ 数値化する	・構造化した因果関係を数値化して相関関係を明らかにする

図表8-11　要因の構造化

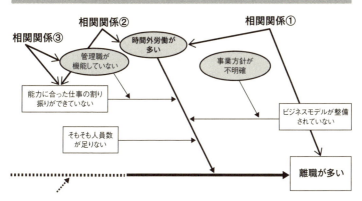

帰分析などの分析手法を用いて検証し、因果関係の全体像を把握し、明らかにしていく。

こうして真の要因と思われるものを、いくつか見つけ出せれば、効果的な対応が可能になるであろう。

たとえば、職場の人間関係の中でも特に上司との関係に問題があるのならば、異動や面談を通して解決していける。

また処遇に対する問題があるのであれば、現在の等級からどうすれば上の等級に上がることができるのか、どのようなことが期待されているのかという、前向きな話し合いができる。

あるいは、何年も同じ職場にいることが問題なのであれば、異動させたり、全く違う仕事に就かせるなどの対策が有効と言えるであろう。社員の過去に従事していた仕事、取得している資格、行動特性、キャリアプランなどの情報も含め、現在の仕事と合わないことを示す兆候が見つかれば、高い業績を上げそうな分野や得意分野の仕事に変える。そうすれば、気持ちを切り替え、再び働く意欲を取り戻してくれるであろう。

会社の考え方と社員の考え方が根本的に違う。それは普通にあり得ることだ。しかし、社員はそもそも企業理念を正しく理解しているのだろうか――。会社が目指していることは本当に社員に伝わっているのだろうか――。企業理念が社内に浸透しておらず、誤解を招いていることが、離職の原因になっている可能性は考えられないか。その場合は、会社が目指すところについて理解を促すための施策が有効になるだろう。

勤怠管理のデータはもちろん、適性検査の結果、勤続年数、現在の部署に配属されてからの年数、過去の評価履歴、給与の支給実績、家族構成の推移、そして企業理念や戦略の理解度など、そ

の社員を取り巻くあらゆる情報を把握し、分析することで、離職の真の原因をはっきりとさせることができる。そして、その原因に応じた的確な対策を講じることができるのである。

この四つのステップを踏んでいけば、思わぬ理由が見えてくることもある。たとえば、離職を考えている社員の上司の情報を集めると、同じ上司である場合や上司の傾向が見えてくる場合もある。それらが原因となり、過去に何人も部下が辞めていることが明らかになったりもする。この場合、離職しようとしている真の理由は、社員本人にあるのではなく、上司に問題があると推測できる。

このように、バラバラに散らばっている人事関連の情報を一元管理し、分析することにより、これまで気づかなかったことを明らかにしながら、最適な対策を講じることが可能になるのである。

大事なのはゴール設定──蓄積すべきデータも変わる

人事の仕事は、大量の情報を扱うことができるようになれば、大きく変わっていくであろう。たとえば、採用については、来年、再来年、さらに先の将来にわたって、採用すべき人数などを、単なる人数だけでなく、人材育成の状況に応じて保有しているスキルや知識に応じても割り出し、人員計画を"量"と"質"の側面から策定できるであろう。今年はどのような人材を採用すべきなのか──、人材要件をこれまでよりも具体的にすることが可能になるだろう。

◯あらゆる情報分析で人材要件モデルをつくる

　好業績の社員、優秀とされている社員を選び出し、その人たちの適性検査の結果から得られる資質や行動特性に始まり、資格、職務経歴など、あらゆる人事情報をもとに、採用すべき人材の要件を具体化していく。優秀な社員のデータだけでなく、必要に応じて、優秀な社員たちにインタビューを行う。入社動機、職務経歴、成果を上げるための工夫や努力など、あらゆる角度からインタビューを行い、人材要件モデルをつくっていく。情報を分析すれば、その会社が求めている人材要件は、知識や経験が豊富なだけではなく、より特殊な条件を備えていることが分かる場合もある。

　ある生命保険会社から、外交員としてどのような人材を採用すれば良いのか明確にしたいという依頼を受けた。この依頼に対して、まず、高い業績を上げている外交員の情報を分析して、モデル化を行った。知識やスキル、適性検査の結果から得られる資質や行動特性、そして資格、職務経歴など、さまざまな人事情報を見ていて、最初に判明した傾向が、シングルマザーが多いことであった。

　ここで単純に考えれば、シングルマザーが働きやすい環境を整え、それらをPRすれば採用も円滑になり、業績も上がるように思える。確かにそれも一つの方法かもしれない。

　そしてさらに情報の分析を進めていくと、より興味深いことが分かってきた。それは、高い業績を上げる外交員は、家族や親族との関係が非常に良好で、さらに自分の子どもや親戚に同じ仕事を勧め、実際にその人たちも外交員になっている例が多かったの

である。

　これは、外交員として保険商品を、家族や親戚に販売するために、家族や親族との関係を良好にしているということではない。本当にこの仕事が好きで、しかも、ごく親しい人に同じ仕事に就くように勧めるほど、仕事に誇りを持っている。また社会的意義も感じている。またあるいは、業績を上げて高収入とまではいかなくても生活ができるレベルはクリアしていて、安心して近親者に同じ仕事を勧めることができる。このような背景が見えてくる。ほかにもいろいろな因果関係が考えられるが、ここまでの情報を整理すると、以下のような人事施策につながっていくであろう。

▼想定される人事施策
　①子どもがいても安心して働ける就業環境づくり
　②リファラル採用
　③生命保険の成り立ちや社会的意義に関する教育

◯うまく採用できないときの対応

　どのような人が、その仕事に最もふさわしいのか——。成果を創出する人材の要件は、意外なところに隠れていることも少なくない。先の例において、家族や親戚の情報などは個人情報になるため、取り扱いは難しいかもしれない。ただ、このケースでは幸いそういった情報が揃っており、うまく活用することができた。

　このように人材要件を特定できたとしても、必ずしもうまく採用できるとは限らない。そこで、育成によって補える可能性を考慮し、入社後の育成も想定した上で、要件を満たす人材を探す。それでも見つからなければ、条件を緩めたり、変えたりしながら

広く探すのである。

　もちろん、既存の社員の育成についても考え方は同じである。一人ひとりの社員について、現在の仕事を進めるために不足しているスキルや経験があれば、異動や研修などを通して補っていく。将来、就きたい仕事があるのか──、それにはどのような能力が求められるのか──。本人と話し合いながら、その分野を強化する育成計画を立てていく。

○人事データ分析を進める上での注意点

　HRテックツールの導入を通して、さまざまなデータの収集や分析が以前よりも容易になり、人材要件などを明確にしていくことが可能になってきている。ここで気をつけないといけないことがいくつかある（図表8-12）。

　一つ目は、データ分析が目的にならないことである。人事データを分析していると、分析することが目的になってしまい、さまざまなデータを収集・分析することを繰り返す場合がある。延々とデータの収集と分析を繰り返し、そもそもの目的を見失うこともある。データ分析が目的にならないように、ゴールや仮説をもって分析をする必要があると言える。

　二つ目は、データ分析をしても、"答えは出ない"ということである。やや表現に違和感があるかもしれないが、どれだけデータ分析をしても、「〇〇という施策を行うべきである」という答えは絶対に出ない。また「こういう人が百パーセント成果を出す」という答えも出ない。データ分析から見えることは、あくまで傾向であり、その傾向に沿ってどのような施策を企画し、実行するのかは、人事担当者が行うことである。

図表 8-12　人事データ分析の進め方

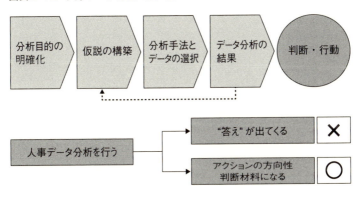

段階を経て、経営に貢献する創造的な仕事へ

ただでさえ忙しい人事部門の業務。この業務を改善しつつ、創造的な仕事へシフトしていくことが人事部門には求められている。

これまでにも述べてきたように、HRテックツールの出現により、以前よりも科学的に人事を行える土壌が整備されつつある。これまでのような"手続き業務まみれ""紙まみれ"の人事部門から、"クリエイティブな仕事""データドリブンな人事"へと人事部門が変わっていくことが求められてもいる。

このような"クリエイティブな人事""データドリブンな人事"へ人事部門が変化していくためには、段階を追って変化していく必要がある。というのも、HRテックツールを入れれば、それだけで"クリエイティブな人事""データドリブンな人事"になるわけではないからだ。むしろ、段階を間違えてHRテックツールを入れ

てしまうことで、さらに人事業務が煩雑になってしまった、という話もよく聞く。

ここでは、どのような段階を経て、"クリエイティブな人事""データドリブンな人事"へと変化していくのか。その段階を整理したい。

○第1段階／定型業務を効率化する

まず、最初の段階が、HRテックツールの導入により定型業務の負担を減らしていくことである。たとえば"紙"や"エクセル"、また"メール"などでやり取りしている業務を、可能な限りシステム化する。つまり、システムの中で処理できる環境をつくるのである。そうすることで、これらの情報は散在せず、自然と一元管理される。またこれらの情報を、のちに人事担当者がERPなどの基幹系システムに、手入力している場合も少なくない。こういった手間もシステム連携を通して削減していくのである。

第1段階では、"紙"や"エクセル"、また"メール"などの情報をHRテックツールで一元管理して保管する、また手入力などの手間を削減する。つまり、これらの定型業務を効率化する段階である。そうすることで、クリエイティブな仕事に費やす時間が割けるようになっていくであろう。そして、この一元管理された情報が、のちの人事データ分析においても非常に有効にもなるのである。

○第2段階／システムをつなげる・データをつなげる

人事部門の業務を進めていく上で、何か一つの人事関連システムで、全ての業務を運用しているというよりも、いくつかの特化

したシステムを導入し、運用している場合が多いと言えるであろう。

たとえば、勤怠管理システム、給与計算システム、人事評価システム、労務手続システム、そしてeラーニングなど、これらさまざまなシステムを用いて、人事部門としての業務を進めている場合がほとんどであろう。

ここまでに、人事情報は一元管理する必要があると述べてきた。しかし、各社において多様かつ個性の異なる人事部門の業務を、何か一つのシステムで全てを運用することは、非現実的であると言える。というのも、それぞれの特化したシステムは、それぞれ特徴がある。その特徴が自社の業務や業態、また勤務形態、雇用形態などにマッチしており、簡単にほかのシステムに切り替えられない場合も少なくないからである。またほかのシステムに変えて十分に満足のいく運用ができない可能性も高いのである。とはいえ、ここまでに述べてきた、また事例で示してきた通り、人事情報は一元管理するほうが、そのデータを有効的に活用できる。そこで取り組むのが、システム連携である。

前段でも述べたが、昨今のHRテックツール、特にクラウド型のHRテックツールにおいてはAPIが公開されている場合が多い。この公開されているAPIを用いて、また場合によっては中間システムを組んで、各システムをつなげ、そして人事情報を一元管理するのである。

人事情報を一元管理することで、これまでに想像もしていなかったような傾向や分析結果が得られる可能性が出てくるのである。

○第3段階／集めたデータを集計・分析する

　集計・分析には、総額人件費、労働生産性、報酬分析などの、収集した情報を、計算をしたり、グラフ化することで、一様に表現・実現できるものもあれば、前述したような、離職分析や好業績者分析のように、分析テーマを明確にし、各社それぞれの職種や業態などの、実態に応じて行うべき分析もある。

　ここで重要になるポイントは、この第3段階は、第1段階と第2段階を経なければできないということである。つまり、人事情報をHRテックツール内に一元管理できていなければ、そのHRテックツールは"ただの箱にしか過ぎない"ということである。

　HRテックツールの中には、人事情報をグラフィカルに、また華やかに見せることに長けたものもある。しかしHRテックツールの中に十分な人事情報が入っていなければ、何も表現することはできない。

　またもう一つ重要なポイントがある。それはこれらのHRテックツールを利用するためだけの、データを投入するといった新しいルールをつくらないようにすることである。第1段階、第2段階で業務の効率化を実現できたとしても、HRテックツールの導入とともに、新しい入力業務が増えているのであれば、それは本末転倒であろう。

　つまり、第3段階の"集めたデータを集計・分析する"ためには、第1段階の"定型業務の効率化"と、第2段階の"システム連携・データ連携"による、人事情報の一元管理が非常に重要であると言えるのである。

○第4段階／意思決定及び具体的な施策の検討と実施

　第1段階〜第3段階を経て、組織や社員の実態や傾向などが見えてくる。そして経営としての意思決定や具体的な人材マネジメントの施策を講じることになる。

　たとえば採用については、社員数をはじめ、社員の年齢構成、総額人件費などマクロなデータから、何年後に社員数は何人になっており、人件費がいくら必要になるのか予測を立てることができるだろう。また社員の知識やスキルも勘案して、来年は何人を採用するのか――、再来年はどうするのか――、採用人数が確定すれば、どのような教育を行うのか――、また教育を通してどのようなスキルセットの人材をつくっていくのか――、そのためにはどのような異動を行うべきか――というように、より具体的な採用、育成、配置の計画を立案していく。

　また離職分析から、離職傾向にある人材が明らかになれば、個別面談やキャリアカウンセリング、仕事の割り当ての見直し、部署やプロジェクトの配置転換などの対策を講じ、離職を未然に防いでいくのである。

　つまり、昨今のHRテックツールも、これまでの多くのシステムも、さまざまな切り口の分析やその結果も、いずれも判断材料であり、施策の指標にしか過ぎない。

　大切なことはこれらの判断材料及び指標を参考に、どのような意思決定を行うのか、またどのような施策を講じるのかである。これは、いままでもこれからも変わらないと言えるであろう。

AI導入で全社員の可能性を最大限まで引き出す

　昨今のAIブームの中、HRテックの領域においても、"AIを搭載した評価システム""AIによる適材適所"など、AIが組織・人事のいろいろな分野で応用されているようではある。ひと口にAIと言っても、それ相応の種類のデータを一定量用いて学習させなければ、AIは有効に機能しない。

　そのため、"AIを搭載した〜"とあるが、紙や非定型のデータが多い人事部門の実態から考えると、残念ながら中には、"眉唾なシステム"もあるように感じている。

　とはいえ、これから多くの会社で人事情報が一元化され、それらの情報がデジタル化されていくことで、AIを代表とする新しいテクノロジーによって、確実に組織・人事領域においても、自動化や予測の技術は進んでいくであろう。では、これらの新しいテクノロジーによって、自動化や予測ができた時、組織・人事の領域はどのように変わっていくのであろうか。ここで少し考察したい。

　たとえば、採用においてはマッチング、配置においては適材適所、評価においては公正性・公平性、育成においては育成のタイミング、そして離職においては予測など。いろいろな組織・人事領域の場面でAIやそれに類する新しいテクノロジーが、効率化を実現していくであろう。少子高齢化が進む中、人的資源の有効活用は、企業経営における至上命題と言えるであろう。

　また一方で、このAIや新しいテクノロジーによる人事を、社員の立場から見た時にどのように映るのであろうか。

人的資源の有効活用というと、どこか企業経営に傾倒しているようにも見える。しかし、社員の立場から見ても、AIやそれに類する新しいテクノロジーの活用は有効であろうと考えられる。

　たとえば、パフォーマンスの最大化を前提に、AIによる採用のマッチングや適材適所を実現したとする。これらのマッチングや適材適所は、人的資源として社員を有効活用できているであろう。また逆に、パフォーマンスの最大化という観点から考えても、社員側も意に沿わない仕事を嫌々している状態ではないはずであろう。

　またあるいは、離職予測。毎日の仕事内容や勤務状況、場合によってはプライベートの状況を通して、離職を予測し、個別面談やキャリアカウンセリング、また異動や配置転換、そして仕事の割り当ての変更などを行い、離職を抑制する。つまりは、社員の状況に応じて勤務や仕事の内容またそれらの負荷の最適化が図られていることと同義と言える。また、離職が明確に予測できるようになるということは、メンタルヘルスなどの心の病を未然に防ぐことにもつながっていくかもしれない。

　このように考えると、企業経営における人的資源の有効活用という側面だけでなく、社員側においても安心で安全な職場環境づくりにつながると考えらえる。

　またあるいは、社員の就業寿命が仮に50年あったとして、パフォーマンスの最大化を前提にAIよる配置配属の変更などを行うことで、1.5倍や2倍の就業体験ができるようになり、人はより高いパフォーマンスを出せるようになっていくのかもしれない。

　これまでにフォーカスの当たらなかった人にもチャンスがめぐってくる。役員の記憶に残るような社員だけでなく、たとえ印

象が薄くとも、ふさわしい実績を持つ社員を見つけ出す。当人にとってはもちろん、会社にとっても大きな利益をもたらすはずである。

そして、創造的で経営に直結する人事の仕事を

　人事の仕事とは、会社が目指す姿、企業理念や戦略を実現するためにあり、企業経営に直結した仕事である。

　会社が重要視したい事項を、評価項目として評価することで、社員の行動を会社の方針や方向性に沿って修正する。たとえば、ある不動産会社では、マンションを販売した後、顧客から不満の声がたびたびあがっていたことに気がついた。そしてそこで、顧客満足を上げることを経営の目標として掲げ、同時に、人事制度においても顧客満足にどれほど貢献したのか、という評価項目を設けることにした。

　すると、その会社は、短期間で、会社全体の顧客満足度を上げることができた。しかし、もし仮に、顧客満足度の向上を会社の戦略や目標として掲げたとしても、売上の高さで評価していれば、このような結果にはならなかったであろう。つまり、会社の戦略と、評価制度を含めた人事制度を矛盾なく統合させたことで、会社が向かうべき方向へと社員を一斉に導くことに成功したわけである。

　これは経営における人事制度の重要性を示すほんの一例である。顧客満足の向上は、多くの会社が目指す共通する取り組みであり、目標でもあろう。しかし会社にはほかにも果たすべき目標や目的

は数多くある。その数多くの目標や目的の中から、企業理念や戦略に沿って、最重要課題が何なのか、最も自社らしいもの、自社として追求していかなければならないものは何なのかを考え、人事制度を通して、社員に対してメッセージを発信し、社員を一斉に導いていくのが人事の仕事である。

人事部門が解決していくべき課題は数多くあり、しかもそれは経営環境、市場環境の変化とともに大きく変わっていく。人事制度に代表される人材マネジメントの仕組みもまたそれに応じて変わり続けなければならないと言える。

HRテックツールを活用すれば、定型業務に追われる忙しさから解放され、人事の仕事を大幅に合理化できるだろう。そして、現存する社内の数多くの社員の情報を一元管理し、人材を最大限に活かす方法を探っていくのである。そうすると、会社全体のパフォーマンスが最大化する。それを支えていくのが人事の仕事である。これほどやりがいのある仕事はほかにはない、と確信する所以である。

おわりに

　昨今、「働き方改革」や「同一労働同一賃金」、また「ティール組織」や「アジャイル型人事」、「データドリブン人事」など、組織・人事領域における新しい課題やテーマが、とどまることなく続々と出てきている。またさらに、テクノロジーの進化も後押しして、HRテックといった新しいマーケットまでできてきている。組織・人事領域の課題やテーマは、市場環境の変化とともに、新しい潮流が生まれ、また消えていくのである。

　一方で、組織・人事の領域においては、セオリーと呼ばれるものも存在している。それらのセオリーは、いまやあまり語られることなく、どちらかというと、伝統的な古い考え方とされているきらいもある。しかし、そのようなセオリーや伝統的な組織・人事の考え方の上に、昨今の「働き方改革」や「同一労働同一賃金」、また「ティール組織」や「アジャイル型人事」「データドリブン人事」などは存在していると私は考えている。

　つまり、目まぐるしく流れていく、組織・人事領域の新しい課題やテーマは、伝統的な組織・人事の考え方やセオリーを知ることで、より理解が深まるとともに、正しい対策や効果的な施策として導入することができるのである。

　そこで今回弊社では、組織・人事領域の起点となる考えをまとめるべく、本書を執筆するに至った。弊社は、組織・人事コンサ

Conclusion

ルティング領域／人事制度設計プロセスにおいて、国際品質認証資格ISO:9001を取得しており、弊社だからこそ、組織・人事領域の解決策や流れを体系立てて可視化・整理できると考え、組織・人事領域の解決策の起点として本書をまとめた。

本書の企画当初は、「世界品質の人事制度」というタイトルを予定していた。体系立てられた日本の人事制度や人材マネジメント施策は、海外のものと比べても、完成度も品質も高く、引けを取らないものでもある。しかし今回は、国際品質というよりも、組織・人事領域における起点としての考えの整理を目指した。

組織や人材は、生き物であり、市場や市況などといった外的要因と、人材や人材同士の関係性などといった内的要因から、常にカタチを変化させる動態モデルである。そのため、組織や人材の問題や課題に対する絶対解は存在しない。だからこそ、セオリーとなる起点を理解することは非常に重要であるとともに、その起点があるからこそ、昨今の新しい課題やテーマについても、応用して解決策が出せると考えている。

また本書は、私だけでなく、弊社及び弊社関連会社、また各本部・各事業部のメンバーに、実際の現場で起こっている事象も踏まえて、各章の執筆をお願いした。

実際の現場でコンサルティングやサービス提供を行っているメンバーだからこその視点や観点もこれからの取り組みの参考にしていただけるのではないかと考えている。

本書は、経営層また各社の人事担当者、管理職層、社会保険労務士、組織・人事コンサルタントなどといった方々が、組織・人

事領域の施策を整理する一助として活用していただけると嬉しい。とはいえ一方で、全ての社員の方々に読んでいただきたいという想いもある。

　それは、本書の中にもあるが、組織・人事領域の施策が定着しない原因の一つが、組織の新陳代謝だからである。社歴の古い人が退職し、若く新しい社員が入社してくる。組織において新陳代謝が発生することは健全であるものの、自社の人事制度や人材マネジメント施策を知っている人が退職し、それらを知らない人が入社してくることが、組織・人事領域の施策の定着を妨げているとも言える。これが、全ての社員の方に読んでいただきたい所以である。

　本書で繰り返し述べている通り、組織・人事の取り組みは、企業活動と切っても切り離せないものである。本書を通して、組織・人事のあり方や、人事部の真の姿と意義が多くの人に伝わることで、会社が変わり、経済や社会も大きく変わっていくことと信じている。

　2019年11月

　　　　　　　　　　　株式会社アクティブ アンド カンパニー
　　　　　　　　　　　代表取締役社長 兼 CEO 大野順也

著者紹介

【編者】

株式会社アクティブ アンド カンパニー
代表取締役社長 兼 CEO

大野順也〔おおの じゅんや〕

1974年生まれ。大学卒業後、株式会社パソナ（現パソナグループ）に入社。営業を経て、営業推進、営業企画部門を歴任し、同社の関連会社の立ち上げなども手掛ける。後に、トーマツ コンサルティング株式会社（現デロイト トーマツ コンサルティング合同会社）にて、組織・人事戦略コンサルティングに従事し、2006年1月に『株式会社アクティブ アンド カンパニー』を設立し、代表取締役に就任。現在に至る。主な著書に『タレントマネジメント概論』（ダイヤモンド社）がある。

【著者】

株式会社アクティブ アンド カンパニー

人事の制度設計から人材育成、環境整備など、幅広い人事コンサルティングサービスをワンストップで提供。変化に強い、自立性のある集団へと、クライアント企業の組織を改革し、業績向上を目指す。組織活性化に軸足をおいたコンサルティングで、大手企業から中小・ベンチャー企業まで幅広い実績を誇る。コンサルティングサービスでは業界初のISO9001を取得している。

【執筆者】

Chapter1／人材マネジメントの全体像／概念編
　株式会社アクティブ アンド カンパニー
　　HRソリューション本部　組織開発事業部　**仁井いずみ**

Chapter2／企業理念・ビジョン／組織風土・文化
　株式会社アクティブ アンド カンパニー
　　コンサルティング本部　**永島正志**

Chapter3／人材マネジメント全体像／設計編
　株式会社アクティブ アンド カンパニー
　　コンサルティング本部　**田中海斗**

Chapter4／人材育成
　株式会社アクティブ アンド カンパニー
　　HRソリューション本部　人材開発事業部　**大石英徳**

Chapter5／人事が担う業務とあるべき人材像
　株式会社アクティブ アンド カンパニー
　　HRソリューション本部　ヒューマンリソース事業部　**吉田武房**

Chapter6／戦略的給与計算アウトソーシングの活用
　株式会社日本アウトソーシングセンター
　　アウトソーシング本部　営業統括部　ソリューションチーム　**本多邦亮**

Chapter7／インターネットによる採用マーケティング
　　株式会社シィ・アイ・エフ　**永井博之**

Chapter8／人事情報を活用した人材マネジメント
　　株式会社アクティブ アンド カンパニー
　　HRソリューション本部　HRテック事業部　**松本英人**

【本書作成に当たっての全体のディレクション・プロジェクトマネジメント】
　　株式会社アクティブ アンド カンパニー
　　事業推進室　**村上由華**

【本書作成に当たってのアドバイザー】
　　株式会社アクティブ アンド カンパニー
　　常務取締役　**八代智**

HR Standard 2020
組織と人事をつくる人材マネジメントの起点

2019年11月13日　第1刷発行

編者	大野順也
著者	株式会社アクティブ アンド カンパニー
発行所	ダイヤモンド社 〒150-8409　東京都渋谷区神宮前6-12-17 http://www.diamond.co.jp/ 電話　03-5778-7235（編集）　03-5778-7240（販売）
装丁&本文デザイン	有限会社北路社
DTP	有限会社ブルーインク
編集協力	古村龍也（Cre-Sea）、山本明文
制作進行	ダイヤモンド・グラフィック社
印刷	信毎書籍印刷（本文）・新藤慶昌堂（カバー）
製本	ブックアート
編集担当	前田早章

©2019 Junya Ohno、©2019 Active and Company Ltd.
ISBN 978-4-478-10929-8

落丁・乱丁本はお手数ですが小社営業局あてにお送りください。
送料小社負担にてお取替えいたします。
但し、古書店で購入されたものについてはお取替えできません。
無断転載・複製を禁ず
Printed in Japan

◆ダイヤモンド社の本◆

従業員のタレントに着目した人材マネジメントのすべて

タレントマネジメント概論
人と組織を活性化させる人材マネジメント施策
株式会社アクティブ アンド カンパニー　代表取締役社長 兼 CEO　大野順也[著]

●四六版上製●272ページ●定価（1600円＋税）

http://www.diamond.co.jp/